DER GRAZER SCHLOSSBERG

STEFAN ROTHBART

DER GRAZER SCHLOSSBERG

DIE GEHEIME GESCHICHTE VON ÖSTERREICHS KULTURDENKMÄLERN
BAND 3

HERAUSGEGEBEN VON
JOHANNES SACHSLEHNER

pichler verlag

INHALT

Wer zählt die dumpfen Gemüther,
die sich auf diesem Berge schon erheitert haben,
die stürmenden Seelen,
die hier Beruhigung gefunden,
die kochenden Leidenschaften,
die in der göttlichen Natur,
im Angesichte der weiten,
lachenden Welt gemildert
und zerstreut worden sind!

Peter Rosegger, Der Schloßberg

„Eingang in die Casamatte".
Lithografie von Heribert Lampel, 1842.

Unbegreiflich wie ein Märchen und schön wie eine Romanze, so schreibt Peter Rosegger in seinem „Lied aus Dankbarkeit" an den Schloßberg, erhebe sich dieser mitten aus der Stadt, ein „Markstein", einzigartig, anmuts- und poesiereich, die „Farben und Symbole der verschiedenen Himmelsstriche" zur Schau stellend. Für den Dichter ist der Berg aus Dolomitgestein ein Ort der Kraft und des Innehaltens: „Wie viel Glück habe ich da oben schon empfunden! Wie viel Herzweh habe ich in vielen Jahren da hinaufgetragen und abgeladen!" – Wer je auf dem Schloßberg stand und von hier aus den großartigen Panoramablick auf die roten Ziegeldächer der Stadt genoss, wird Roseggers Begeisterung gut nachvollziehen können: Der Schloßberg, dem die Stadt zu Füßen ihr Dasein verdankt, ist ein wunderbarer Platz zum Durchatmen und Loslassen, eine Enklave der Ruhe und Insel des Friedens inmitten großstädtischer Hektik. Der Schauspieler Gustav Starcke, selbst ein langjähriger Bewohner des Felsrückens, hat in seinem Gedicht *Schloßberg* die Verwandlung der einst „stolzen Veste" in eine idyllische Gartenlandschaft gestaltet:

Alles Düstre ist verschwunden
Aus dem grünen Zauberkreis
Lächelnd fliehen hier die Stunden,
Friede, Friede, klingt es leis. –

Längst ist Friede eingekehrt auf dem Felsplateau, die alten Kanonen, die dem Besucher präsentiert werden, wirken bereits wie fremde Dekoration – und doch waren sie einst Teil einer anderen Wirklichkeit: Mauern, Kasematten, Geschütze, Pulver und Blei, Gefängniszellen – eine Zwingburg des habsburgischen Doppeladlers, die 1809 im Kampf gegen französische Truppen ihre Bewährung und wenig später ihren Untergang erlebt.

Anno 1809 wird eine Heldenlegende geboren, die ein Jahrhundert danach seltsam fatale Blüten treibt: In der reaktionären, großdeutsch geprägten Geschichtsklitterung angesehener steirischer Historiker kommt dem Grazer Schloßberg nun die Rolle eines deutsch-nationalen Monuments zu. Nicht für Habsburg

Die Gleise der Märchengrottenbahn im Schloßberg.

und nicht für den Kaiser sollen die braven 1809er gestritten haben, sondern für das „Reich" aller Deutschen, das es zu diesem Zeitpunkt gar nicht gab. Ein entsprechender Gedächtniskult soll dies dokumentieren: Von einer Walhalla berühmter Steirer, einer Totenburg, ist die Rede und nach dem „Anschluss" 1938 will man es im rechten Lager endgültig wissen: Das neu geschaffene „Gaupropagandaamt" gibt eine kleine, vom kommissarischen Styria-Hauptschriftleiter Manfred Jasser eingeleitete Schrift heraus, *Graz. Stadt der Volkserhebung*, in der die historische „Aufgabe" des Schloßbergs explizit festgeschrieben wird: „Oft gestürmt, nie bezwungen! So grüßt noch heute der Schloßberg hinab in die Stadt, die den Berg in ihrer Mitte einst zu ihrem unüberwindlichen Bollwerk ausbaute, um so selber durch die Jahrhunderte für das ganze Land Herz und Hirn des Kampf- und Wehrwillens sein zu können: Bergfried des Deutschtums im Südosten des großen Reiches." Ja, „Bergfried des Deutschtums", das ist die griffige Formulierung, mit der man aufbricht ins „Tausendjährige Reich", und dafür sollen auch entsprechende Zeichen gesetzt werden: Stadtplaner Peter Koller, einer von Hitlers Favoriten am Reißbrett, entwirft einen „Südostturm", von dem man einen weiten Blick in das „deutsche Unterland" hat, geplant ist auch ein riesiger „Führersaal" – beide Projekte bleiben den Grazern erspart, denn mit dem weiten Blick nach Südosten ist es bald vorbei: Vor den Luftangriffen der Alliierten verkriecht man sich in den Stollen des Schloßbergs, da stört es auch nicht, dass diese von rassemäßig unterlegenen Zwangsarbeitern errichtet worden sind. In den letzten Kriegstagen besinnt man sich auf das viel beschworene „Bollwerk", rund um den Schloßberg werden Panzersperren errichtet, noch einmal will man „Wehrwillen" demonstrieren, doch dann ziehen die NS-Bonzen doch die Rettung der eigenen Haut vor – Gauleiter Sigfried Uiberreither und seine Entourage fliehen, die „Schlacht um den Schloßberg" wird nie geschlagen. Mit den weitläufigen Stollenanlagen weiß die Stadt lange Zeit hindurch nichts Richtiges anzufangen, die Kriegszeit wird erfolgreich verdrängt und unter den Teppich gekehrt; eine Märchengrottenbahn sorgt für harmlose Unterhaltung. Es gibt kein Konzept zur nachhaltigen Nutzung der Stollenwelt und das Gedenken an die Ereignisse seit 1914 zeichnet sich lange Zeit

Das Denkmal für Ludwig Freiherr von Welden, den Schöpfer der Gartenanlagen am Schloßberg, und das Schweizerhaus.

durch eine verräterische Schlagseite aus: Noch 1970 wird auf dem Schloßberg ein Denkmal „zum Gedächtnis der ehemals deutschen Gebiete in der Untersteiermark" aufgestellt. SPÖ-Bürgermeister Gustav Scherbaum (1906–1991) gestattet dies aus „Achtung vor so viel Heimatliebe, die zu den idealsten Gefühlen der Menschheit zählt", von Schuldbewusstsein keine Spur.

Erst ein halbes Jahrhundert später entdeckt das Grazer Tourismusmanagement mit dem „Berg der Erinnerung" eine neue Rolle für den Schloßberg – wohl zu Recht, gleichzeitig verlangt gerade diese Zuschreibung kritische Beleuchtung: Welche Erinnerungen sind denn damit gemeint? Was wollen wir tatsächlich hören, was wollen wir dem Vergessen anheim fallen lassen? Der zum „Gedächtnisort" erhobene Felsenklotz steht damit in seiner Janusköpfigkeit wieder auf dem Prüfstand; nachdrücklich demonstriert der junge Historiker und Filmemacher Stefan Rothbart, dass es nicht genügt, die altehrwürdig-bekannten Mythen fortzuschreiben – sie verlangen nach Auseinandersetzung und neuer Gewichtung, manchmal auch nach Widerlegung und Zerstörung. Das Sprechen über ein faszinierendes Stück Heimat wie den Schloßberg beschwört zwangsläufig neue Fragen herauf …

Johannes Sachslehner

Blick vom Ruckerlberg auf Graz mit dem Schloßberg. Kolorierte Lithografie von

Franz Josef Sandmann nach einem Aquarell von Jakob Alt, um 1850.

DER MYTHENBERG
DIE ENTSTEHUNG EINER LEGENDE

*S*chlossberge gibt es viele, aber Schloßberg nur einen*"*, schrieb schon der berühmte steirische Heimatdichter Peter Rosegger. Dieses Zitat alleine läst bereits die Bedeutung des Grazer Schloßberges erahnen und tatsächlich gibt es kaum ein Wahrzeichen, welches für die Entwicklung einer Stadt eine zentralere Bedeutung hatte, als den kleinen felsigen Hügel, zu dessen Füßen sich heute die steirische Landeshauptstadt erstreckt. Ohne den Berg keine Stadt, so einfach lässt sich die Geschichte von Graz zusammenfassen. Im Laufe der Jahrhunderte hat er sich mehrmals gewandelt. Vom schroffen Felshügel hin zur idyllischen Parkanlage, wie er sich heute noch präsentiert, und wäre die Geschichte anders verlaufen, wer weiß, dann gäbe es heute neben imposanten Konzerthäusern auch einen Flughafen über den Dächern von Graz. Für dessen Bewohner wurde er jedenfalls immer wieder zum Schicksalsort, denn als Festungsberg war er nicht nur fürstlicher Herrschaftssitz, sondern auch Trutzburg gegen Ungarn und Türken, berüchtigtes Staatsgefängnis, Schatzkammer und schließlich das letzte Bollwerk im Kampf gegen Napoleon.

Schon immer hat man in Graz zum Schloßberg emporgeblickt und sich nach ihm orientiert. Diese Symbolik wird einem vor allem dann klar, wenn man heutzutage am Hauptplatz steht und zum Uhrturm aufsieht, der wie eine Galionsfigur noch heute über der Stadt thront.

Und vermutlich war es zu allen Zeiten so. Für die Bewohner von Graz gibt es eben nur einen *Schloßberg*.

DIE LEGENDE

Dessen Bedeutung für die Stadt wird auch in seiner Entstehungslegende sichtbar, denn für die Grazer war eines schon immer klar: Den Schloßberg, den hat der Teufel gemacht.

Einer Legende nach wollte eben dieser dem SCHÖCKL, jenem abgeflachten Berg im Norden von Graz, eine Spitze aufsetzen

„Stolze Veste": der Schloßberg vor der Sprengung der Festungsanlagen 1809.

und flog zu diesem Zweck nach Afrika, wo er sich aus dem Atlasgebirge einen großen, spitzen Felsbrocken holte, diesen hochstemmte und mit ihm zurückflog. Doch als er das Gebiet des heutigen Graz überflog, soll er eine fromme Christenschar unter sich gesehen haben. Daraufhin war der Teufel so verärgert, dass er den Felsbrocken fallen ließ und dieser beim Aufprall in zwei Teile zerbrach, welche in das Grazer Becken hinunterrollten, wo sie schließlich neben dem Fluss Mur liegen blieben. So entstanden der Legende nach der Grazer Schloßberg und der Grazer Kalvarienberg.

DIE RÖMER

Die wahre Geschichte von Graz bleibt bis ins 12. Jahrhundert hinein weitgehend im Dunklen.
Es gibt jedoch gute Gründe anzunehmen, dass sich bereits zu Zeiten der Römer auf dem Schloßberg ein Kastell befunden haben könnte.
Das Gebiet der heutigen Steiermark gehörte damals zur römischen Provinz NORICUM. Während die Steiermark zu dieser Zeit weitläufig bewaldet gewesen sein dürfte, war das Grazer Feld bereits eine relativ dicht besiedelte Agrarlandschaft, ohne jedoch signifikante urbane Strukturen aufzuweisen. Viel eher muss man sich die Gegend von damals mit vielen einzelnen Bauernhöfen und „Farmgemeinschaften" vorstellen, die zwischen den Feldern angesiedelt waren. Ein größerer Gutshof aus der Römerzeit wurde z. B. in Feldkirchen im Süden von Graz entdeckt, wo sich heute der städtische Flughafen befindet. Die Steiermark war jedoch für die Römer nichts anderes als Provinz. Gemessen mit anderen Gebieten war die Bevölkerung dünn gestreut und das Hinterland kaum erschlossen. Entlang des Flusses Mur bestanden aber schon zu dieser Zeit wichtige Handelswege, die eine Nord-Süd-Verbindung darstellten und vor allem für die Güterversorgung der nördlich liegenden Kastellstädte wie CARNUNTUM und VINDOBONA von Bedeutung waren. Auf steirischem Boden gab es in der Römerzeit von ca. 70 n. Chr. bis ins 4. Jahrhundert hinein nur eine größere Stadt, nämlich Flavia Solva, in der Nähe des heutigen Wagna bei Leibnitz.

Am Fuße des Grazer Schloßberges befand sich allerdings eine wichtige Wegkreuzung, an der die Handelsstraße entlang der Mur nach Osten und Nord-Osten abzweigte. Die heutige Sporgasse am Fuße des Berges, die sich entlang des Südosthanges bis zum Karmeliterplatz hochschlängelt, verläuft noch genau auf der Trasse einer dieser alten Römerstraßen. Wegen der holprigen Pflastersteine spöttelten die Grazer noch im 19. Jahrhundert, dass diese seit den Römern nicht mehr ausgetauscht worden seien.

Bei Vergleichen mit anderen Orten ist daher anzunehmen, dass auch hier die Römer die besonders günstige, strategische Lage des Schloßberges erkannt hatten und auf ihm ein Kastell zum Schutz der Handelswege errichtet haben könnten. Weitere Indizien dafür sind die Funde von Grabstätten, Denkmalsteinen und Gerätschaften sowie die bei Demolierungsarbeiten im Jahre 1809 von den Franzosen unter den gesprengten Bastionen entdeckten Überreste römischer Bauten. Weiters dürfte die im genannten Jahre noch vorhandenen Kirche St. Thomas im Walde aus einem römischen Tempel entstanden sein. Dies behauptet zumindest der Historiker Franz Zistler in seinem Werk *Der Grazer Schloßberg* von 1905. Bis heute sind diese Indizien unter Geschichtsforschern jedoch umstritten, da die Funde teilweise auch aus späteren Perioden stammen könnten.

Erbaut auf den Überresten eines römischen Tempels: die Kirche St. Thomas im Walde.

DIE SLAWEN

Im 6. Jahrhundert ließen sich dann fast überall auf dem Gebiet der heutigen Steiermark slawische Siedler nieder. Auf diese frühe Einwanderungswelle gehen heute noch zahlreiche Ortsbezeichnungen zurück. So ist auch „Graz" eine Ableitung vom slawischen Wort GRADEC, was „kleine Burg" oder auch „Festung" bedeutet.

Die Slawen waren es auch, die nach einer Periode des Bevölkerungsrückganges im Gefolge des Zusammenbruches des Weströmischen Reiches im 5. Jahrhundert wieder mit dem Siedlungsbau begannen. Zahlreiche Ortschaften wurden gegründet und die alten Handelswege wiederbelebt. Auch diesmal kam dem Schloßberg und dem Grazer Becken eine zentrale Rolle zu. Der Schloßberg dürfte auch zur Zeit der Slawen, die den Awaren tributpflichtig waren, ein wichtiger Punkt gewesen sein. Aufgrund seiner geographischen Lage im Zentrum der Steiermark war er, wie schon zur Römerzeit, Schnittstelle der verschiedenen Handelswege, die sich nun hauptsächlich nach Osten und Westen ausrichteten. Allerdings dürfte sich zur Slawenzeit noch keine Burg am Schloßberggipfel befunden haben. Die Bezeichnung GRADEC leitete sich vermutlich von einem kleinen Grenzkastell ab, welches sich am flachen Südhang oberhalb der Kreuzung Sporgasse/Hofgasse befand, aus dem später die heutige Stiegenkirche hervorging.

Im 9. Jahrhundert setzte ein verstärkter Zuzug bairischer Kolonisten ein, die von den Slawen zur Abwehr des nach Westen drängenden Reitervolks der UNGARN (MAGYAREN) gerufen worden waren.

DIE BAIERN

Die bairischen Siedler verdrängten gegen Ende des 9. Jahrhunderts zusehends die slawische Bevölkerung – es kam zu einer ersten signifikanten Einwanderungsbewegung. Es waren diese Kolonisten, die auch mit der Urbarmachung im größeren Stil begannen. Auf die Baiern gehen die eigentliche Erschließung und die Gründung der Stadt Graz zurück. Natürlich bezogen auch die neuen Landesherren Quartier auf dem Schloßberg, als Herrschaftssitz war dieser schließlich damals schon beliebt. Es wird angenommen, dass es kurz nach der Schlacht am Lechfeld bei Augsburg 955, in der Kaiser Otto der Große die Ungarn besiegte, zur Errichtung einer kleinen Burg auf dem Plateau gekommen ist. Mit Ottos Sieg wurde die Reichsgrenze wieder weiter nach Osten verschoben und die Steiermark erhielt als Grenzland mehrere Befestigungen. Doch östlich der Mur auf den Höhen der Ries standen bereits wieder die Magyaren und so kam der Burg auf dem Schloßberg einige Bedeutung zu. Diese sollte jedoch zunächst noch einen anderen Namen tragen.

KARL DER GROSSE und seine Nachfolger teilten seinerzeit schon das große Herrschaftsgebiet in verschiedene Grafschaften ein und legten an der Ostgrenze einen Markengürtel an, welcher als Schutz für die Kernlande vor Invasoren dienen sollte.

Der größte Teil der Steiermark wurde zu Beginn des 9. Jahrhunderts in die KARANTANISCHE MARK eingegliedert. Der Landstrich an der Mur, welcher sich ungefähr vom heutigen Gösting bis Leibnitz erstreckte, wurde „Hengist Gau" oder „Grafschaft Hengist" genannt.

Mitte des 11. Jahrhunderts werden erstmals in diesem Gebiet die Stadt Hengist sowie die Festung Hengist *(castrum hengist)* erwähnt. Lange war die Lage dieser Burg umstritten und es deutete zunächst viel darauf hin, dass diese auf dem Schloßberg gestanden haben könnte. Andere Geschichtsforscher sahen diese wiederum bei Wildon oder vermuteten sie anstelle der heutigen Burg Gösting auf dem Göstinger Ruinenberg. Aufgrund dieser Ungenauigkeit war man lange Zeit geneigt, eher Graz als Standort zu favorisieren, doch mit Sicherheit lässt sich dies heute nicht mehr feststellen. In der älteren Geschichtsdeutung hat sich allerdings die Bezeichnung HENGISTBURG für die Festung auf dem Schloßberg lange gehalten.

Die Baiern jedenfalls haben der Stadt dann vermutlich den Namen GRAECE gegeben, welcher aufgrund des slawischen Anteils unter der Bevölkerung wesentlich weiter verbreitet gewesen sein dürfte. Damit wurde die bereits bestehende Bezeichnung „Hengistburg" abgelöst. Im Laufe der Zeit wurde das aus dem Slawischen stammende *Graece* zu *Grätz* und später zu Graz. Geläufig war auch der Name „Mark an der Mur", welche von 970 bis 1035 im Besitz der Eppensteiner war. Danach übernahm das Geschlecht der Wels-Lambacher das Gebiet, konnte es aber nicht lange halten.

Im Jahre 1074 soll Kaiser Heinrich IV. den Grafen Walter von Ruen mit dem Gebiet von Graz belehnt haben, von welchem das Land später an die Grafen von Traungau und Steyer überging. Von ihnen leitete sich auch der spätere Name *Steyermark* (Steiermark) ab.

DIE ARIBONEN, TRAUNGAUER UND BABENBERGER

Als das Geschlecht der Traungauer nach dem Aussterben der Eppensteiner im Jahre 1122 große Gebiete der Steiermark zugesprochen bekam, übernahm zunächst Markgraf Leopold der Starke aus dem Geschlecht der Traungauer den großen Besitz. Ihm folgte sein Sohn OTAKAR III. (UM 1125–1164), der die Hausmacht der Familie weiter ausbauen konnte. Es kam zur Entstehung des Landesfürstentums. Die zahlreichen hoch- und edelfreien Geschlechter der Steiermark, welche den Großteil des fruchtbaren Grundes und Bodens besaßen, waren allerdings ein großes Hindernis bei der Durchsetzung der landesfürstlichen Autorität. So gehörte auch die Mark an der Mur nicht von Anfang an zum Besitz der Traungauer, sondern unterstand zu dieser Zeit dem Hochfreien Bernhard von Stübing, einem Enkel des Pfalzgrafen Aribo aus dem Geschlecht der ARIBONEN. Bernhard von Stübing ließ auf dem Schloßberg eine romanische Herrschaftsburg errichten; als Erbauer ist uns ein Graf Hadmar vom Ennstal überliefert, der im Auftrag Bernhards agierte. Unter den Aribonen begann sich auch die zivile Niederlassung am Fuß des Schloßbergs zu entwickeln. So wurde z. B. direkt unter der neuen Burg auf dem heutigen Freiheitsplatz ein Maierhof gebaut und es kam zur Gründung erster Märkte. In der heutigen Sackstraße ließen sich erste Gewerbetreibende nieder, ein Marktzentrum wurde errichtet. Damit begannen die zivile Stadt und auch der Schloßberg eine immer bedeutendere Rolle zu spielen. Dies spiegelt sich auch dadurch wider, dass es immer öfter zu urkundlichen Erwähnungen kam. In dieser Zeit, so kann man sagen, bildete sich Graz als Zentrum der Steiermark

Die Reitersiegel der Traungauer Herzöge Otakar III. und Otakar IV.

heraus. Erstmals in der Geschichte war es nicht nur wirtschaftlich von Bedeutung, sondern mit einer stattlichen Herrschaftsburg auch von politischem Gewicht.

DIE ERSTE URKUNDLICHE ERWÄHNUNG von Graz geht auf das Jahr
1147 zurück. Die Urkunde trägt aber kein genaueres Datum
und wird eigentlich dem Jahre 1128/29 zugeschrieben. Da weiters nur eine Kopie aus dem Jahre 1450 im Archiv des Stiftes
Rein vorhanden ist, hat es unter Historikern seit jeher einen
Streit um die genaue Datierung gegeben. Angenommen wird,
dass die Urkunde, in der ein DIETMARIUS VON GRACZ erwähnt
wird, sich auf eine Schenkung bezieht, die zwar schon 1128
vonstatten ging, allerdings erst im Jahre 1147 schriftlich doku-
mentiert wurde. In dieser Zeit wird auch mit einer planmäßi-
gen Besiedelung des Grazer Beckens begonnen.

Es versteht sich von selbst, dass die Traungauer mit wachsen-
dem Neid von ihrem Stammsitz in Hartberg nach Graz blick-
ten. Otakar III. war bestrebt, die Landesfürstlichkeit durchzu-
setzen. Ihm gelang es in den Folgejahren, wichtige Regalien, wie
Münz-, Maut-, und Zollhoheit, auf sich zu vereinigen und auch
die Landesgerichtsbarkeit auf seine Person zu übertragen.

Hier wird erstmals auch deutlich, welch zentrale Bedeutung der
Grazer Schloßberg und seine zivile Stadt einnahmen, wenn es
darum ging zu entscheiden, wer wirklich das Sagen in der Steiermark hatte.

Solange er nicht auch auf der Grazer Burg residierte, konnte
sich Otakar nicht als Herr über das ganze Steirerland fühlen.
Dies führte in weiterer Folge zu erheblichen Rechtsstreitigkei-

ten mit den Aribonen, aus denen schließlich Otakar im Jahre 1156 als Sieger hervorging.

Es gelang ihm, große Gebietsteile an sich reißen, unter anderem das Grazer Becken, welches fortan zum Zentrum der Steiermark ausgebaut wurde. Graz wurde zur Hauptstadt und der Schloßberg zum offiziellen Herrschaftssitz der Landesfürsten.

Dieser Machtwechsel erfolgte unter ziemlich dramatischen Umständen: Um den Einfluss der reichen Aribonen zu brechen, bezichtigte Otakar die Söhne des Bernhard von Stübing, Konrad von Feistritz und Adalram, des Hochverrats und ließ sie 1151 enthaupten. Im Zuge dieser Auseinandersetzung kam es zu heftigen Kämpfen zwischen den beiden Adelsgeschlechtern, die zur Zerstörung des Stammsitzes der Feistritzer, einer Seitenlinie der Aribonen, führten.

Uldarich, der dritte Sohn Bernhards von Stübing, der gerade erst mündig geworden und im Besitz der Grazer Burg war, legte sich erst gar nicht mehr mit Otakar an und trat stattdessen in das Stift Seckau ein, welches einst vom Bruder seines Vaters gegründet worden war. Nach dem Exempel an seinen beiden älteren Brüdern und dem wahrscheinlich eher unfreiwilligen Eintritt in das Kirchenleben zog Markgraf Otakar die Grazer Güter Uldarichs einfach ein. Die Macht der Aribonen war damit gebrochen und das Geschlecht verlor sich im Laufe der Geschichte. Paradox ist, dass die Aribonen auf dem Grazer Schloßberg selbst nie residiert haben, obwohl sie die dortige Burg in Auftrag gegeben hatten. Die eigentlichen Burgherren, die zwar in ihren Diensten standen, waren offensichtlich im Kampf um die Macht keine große Hilfe. Abschließend kann man sagen, dass Otakar, der mit dem staufischen Kaiserhaus verwandt war, eindeutig die einflussreicheren Freunde hatte. Die Aribonen verschwanden allerdings nicht sofort, sondern finden sich später unter anderem im Geschlecht der STADECKER, nach denen die nördlich von Graz gelegene Gemeinde STATTEGG benannt ist, wieder.

Im Jahre 1180 kam es zu einer weiteren Aufwertung des Landes, als die Steiermark von Kaiser Friedrich Barbarossa zum Herzogtum ernannt wurde und Otakar IV., der Sohn und Nachfolger Otakars III., zum ersten Herzog des Landes aufstieg. Die Herrschaft der Traungauer sollte jedoch alsbald ihr Ende

Die „Georgenberger Handfeste": Herzog Leopold V. beschwört am 17. August 1186 auf dem Georgenberg bei Enns den Erbvertrag mit Herzog Otakar IV. Gemälde von Ernst Christian Moser, Neue Galerie Joanneum.

finden: Der kinderlose Otakar IV. erkrankte an Aussatz; es blieb nicht mehr viel Zeit, um sein Erbe zu regeln. Daraufhin kam es 1186 zu einer Vereinbarung mit dem babenbergischen Herzog Leopold V. auf dem Georgenberg bei Enns. Beide Parteien schlossen einen Erbvertrag, in dem festgelegt wurde, dass das Eigentum der Traungauer nach dem Tod Otakars in den Besitz der Babenberger übergehen sollte. Diese Vereinbarung ist als GEORGENBERGER HANDFESTE bekannt geworden und in die Geschichte Österreichs eingegangen. So wechselte der Schloßberg schließlich wieder seine Herren und mit ihm ging das noch junge Herzogtum Steiermark an die Babenberger über.

MVR:

DIE DREI BURGEN

Es ist bis heute eine umstrittene Frage, wie viele Burgen es tatsächlich auf dem Grazer Schloßberg gegeben haben könnte. Ging man lange Zeit davon aus, dass es sich nur um eine Feste gehandelt hat, so deuten neuere Erkenntnisse darauf hin, dass es sogar drei gewesen sein könnten.

Als die Traungauer endgültig die Macht in der Steiermark übernommen hatten und Graz zu ihrem Herrschaftssitz ausbauten, kam es zu einer vermehrten Bautätigkeit auf dem Schloßberg, die von den BABENBERGERN später fortgeführt wurde.

In dieser Zeit sollen neben der älteren, aus der bairischen Ära stammenden Hauptburg auf dem Schloßbergplateau zwei weitere Wehrburgen errichtet worden sein.

Eine davon befand sich ungefähr dort, wo heute noch die Stallbastei anzutreffen ist, und eine dritte soll sich am südlichen Ende, an der Stelle der heutigen Stiegenkirche, befunden haben, wo auch schon das alte Slawenkastell vermutet wurde. Alle drei Burgen sollen ihre eigenen Wälle, Gräben und Zugbrücken gehabt haben und erfüllten wahrscheinlich unterschiedliche Funktionen. So ist mit ziemlicher Sicherheit davon auszugehen, dass die höchstgelegene und vermutlich auch größte Feste als Herrschaftssitz für die Landesfürsten diente. Die mittlere Burg dürfte ausschließlich Verteidigungszwecken gedieht haben. Auch bei späteren Umbauten wurde diese Aufteilung berücksichtigt. Selbst in der modernen Festung von 1809 befanden sich Verwaltungs- und Kommandogebäude auf dem Gipfelplateau, während die Stallbastei und die städtische Alarmbatterie etwas unterhalb davon lagen.

Die dritte Burg, quasi schon am Fuße des Berges, dürfte eine Art Vorpostenfunktion gehabt haben. Von einigen Historikern wird angenommen, dass an dieser Stelle nicht nur zur Slawenzeit eine kleine Burg stand, sondern diese auch schon Standort des bereits erwähnten Römerkastells gewesen sein könnte.

Im *Palazzo vecchio* in Florenz ist uns sogar noch eine alte Darstellung des Schloßberges aus dieser Zeit erhalten geblieben. Auf dem aus dem Jahre 1565 stammenden Freskogemälde nach

Fast unüberwindlich: der Schloßberg von der Westseite.
Darstellung um 1666/1670.

einem älteren Stich von *Georg Peham* ist auf dem oberen Plateau des Schloßberges eine hufeisenförmige Burg mit drei Stockwerken zu sehen, die im Jahre 1578 anlässlich der Erbauung der neuen Festung demoliert wurde.

Die drei einzelnen Burgen wurden im Laufe der Jahre untereinander und mit der markgräflichen Burg am Fuße des Schloßberges mit Wällen und Geheimgängen verbunden. Außerdem schloss man die Festungsbauwerke im 12. Jahrhundert mit den Stadtmauern zusammen und errichtete den *Festungsturm*, der heute noch als UHRTURM erhalten geblieben ist.

EXKURS: GEHEIME GÄNGE

Noch heute ist der Schloßberg durchsetzt mit zahlreichen Stollen und Tunneln, welche ihren Ursprung im Mittelalter haben und noch aus der *Drei-Burgen-Zeit* stammen.

Teilweise auch natürlich entstanden, wurden diese Stollen als Verbindungstunnel, aber auch als geheime Fluchtwege sowie als Vorratskammern angelegt, die als Lagerstätten für Lebensmittel in Krisenzeiten gedient haben dürften. Noch im Jahre 1809, als der Schloßberg von den Truppen Napoleons belagert wurde, kam diesen unterirdischen Wegen eine immense Bedeutung zu. Im Laufe der Jahrhunderte waren diese immer weiter ausgebaut worden, so dass ein richtiges Labyrinth entstand. Zahlreiche Häuser am Fuße des Schloßberges in der Sack- und Sporgasse wurden an dieses Tunnelnetzwerk angeschlossen.

So nutzte im oben genannten Jahre der Belagerung der listige Schloßbergkommandant Major Franz Xaver Hackher Freiherr zu Hart die unterirdischen Wege, um geheime Nachrichten an den Franzosen vorbei aus der Stadt zu schmuggeln und so während der Belagerung die Nachrichtenkette mit der Hauptarmee aufrecht zu halten.

Auch zu früheren Zeiten dienten diese Gänge dazu, um unerkannt auf den Schloßberg bzw. von diesem runter zu gelangen, ohne sich der Bevölkerung der Stadt zeigen zu müssen.

Angeblich – wobei dies heute nicht mehr belegt werden kann – soll es sogar einen geheimen Gang unter der Mur durch bis hinunter zum Schloss Eggenberg gegeben haben. Hierfür gibt es aber keinerlei archäologischen Beweise, auch wird die Existenz eines solchen Geheimganges in offiziellen, noch erhaltenen Aufzeichnungen nicht erwähnt. Anzunehmen ist, dass die unterirdische Bautätigkeit bei der einfachen Grazer Bevölkerung die Gerüchteküche brodeln ließ und sich so mancher Zeitgenosse erlaubte, etwas mehr hinzuzudichten, als tatsächlich der Wahrheit entsprach. Diese Übertreibungen aus alter Zeit mögen vielleicht einige Jahrhunderte später die Nationalsozialisten veranlasst haben – mythengläubig sollen sie ja gewesen sein –, den Stollenbau im Schloßberg wieder aufzugreifen und nun vollends zu übertreiben. Aber dazu später. ■

UNSICHERE ZEITEN

Mit dem Tode Friedrichs II., des letzten Babenbergers, ging in der Steiermark eine Periode des Aufschwungs vorerst zu Ende. Es folgte eine Zeit des INTERREGNUMS. Im Jahre 1254 fielen die UNGARN unter König Béla IV. in der Steiermark ein und besetzten das ganze Land. Es kam zu großen Verwüstungen der ländlichen Gegenden und zu einem deutlichen wirtschaftlichen Niedergang in der Hauptstadt.

Die steirischen Adeligen waren jedoch schon von jeher sehr freiheitsliebend gewesen. Wie auch schon zu Zeiten der Traungauer, so setzten sich nun die hohen Geschlechter des Landes gegen die Ungarn zur Wehr und vertrieben schließlich den Statthalter König Bélas aus Graz.

Die Bedrohung war jedoch noch nicht gebannt und die Steirer nicht gut genug gerüstet, um einem derart mächtigen Feind lange die Stirn bieten zu können.

So boten die Adeligen das nun herrenlose Land dem Böhmenkönig Przemysl Ottokar II. an.

Im Jahre 1259 belagerte König Béla erneut die steirische Landeshauptstadt, doch es gelang ihm nicht, den Schloßberg einzunehmen, und er musste schließlich mit seinem Heerbann wieder abziehen. So verblieb die Steiermark zunächst bei Ottokar II. Dieser erwies sich allerdings nicht als besonders guter Landesherr und kümmerte sich um die Steirer relativ wenig. So kam es auch zu einem Erliegen der Bautätigkeit auf dem Schloßberg.

Aus der Zeit des Interregnums stammt so manche Schauergeschichte. Das Land litt unter ständigen Einfällen der Ungarn. Vor allem die Siedlungen und Städte im Osten des Landes waren zeitweise massiv davon betroffen. Raubritter zogen durch das Land, der Handel litt schwer unter ihren Überfällen. Zu alldem kam auch noch eine untätige Landesverwaltung. Zeitweise war der einst so mächtige Fürstensitz auf dem Schloßberg sogar verwaist, sodass sich so mancher Bauer an den Mauern zu schaffen gemacht haben soll, um Baumaterial für seinen Stall zu besorgen.

Die Herrschaft Ottokars II. dauerte jedoch nicht besonders lange. Als der Przemyslide 1278 in der Schlacht auf dem Marchfeld gegen RUDOLF I., den ersten Habsburger auf dem deutschen Königsthron, Leib und Leben verlor, wurde die Steiermark als erledigtes Reichslehen eingezogen und 1283 an ALBRECHT, den Sohn Rudolfs, verliehen, der zum neuen Herzog der Steiermark ernannt wurde.

Damit begann die Herrschaft der Habsburger nicht nur in Österreich, sondern auch auf dem Grazer Schloßberg, der fortan eine zentrale Rolle in der Politik der Habsburger spielen sollte.

Die unruhigen Zeiten in der Steiermark waren aber damit noch nicht vorbei. Ungefähr zehn Jahre später kam es zu einem Adelsaufstand gegen Albrecht, bei dem die Schloßbergfestung wieder von Bedeutung war.

Die Insurgenten versuchten dabei von vornherein den Schlosshauptmann WÜLFING VON HANAU für ihre Sache zu gewinnen, da sie wussten, dass ein Gelingen des Aufstandes davon abhängen würde, den Grazer Schloßberg und die steirische Landeshauptstadt zu kontrollieren.

Der ließ sich allerdings keine Avancen machen und ging mit eiserner Faust gegen die aufständischen Adeligen vor, wobei der Schloßberg als Ausgangspunkt für die Niederwerfung der Rebellion diente.

Nachdem in der Steiermark genügend Blut vergossen und so manche Burg wortwörtlich ruiniert worden war, schienen die Steirer vorerst einmal genug vom Kämpfen zu haben und es kehrte langsam wieder Ruhe ein. Fast schon zu ruhig wurde es, wie so mancher Zeitgenosse bemerkte, denn während sich die habsburgische Politik in den nächsten Jahrzehnten auf andere Gebiete konzentrierte, geriet die Steiermark in den Augen der Welt ein wenig in Vergessenheit. Erst 1479 fielen erneut die Ungarn ein, eroberten einen Großteil des Landes und drangen selbst bis vor die Tore von Graz vor. Auch diesmal bewährte sich die Festung auf dem Schloßberg als unbezwingbares Bollwerk und die ungarische Heerschar musste nach mehreren missglückten Versuchen, den Berg zu erstürmen, abziehen und schließlich die Steiermark ganz verlassen.

Gegen Ende des 13. Jahrhunderts kam es allerdings – nicht zuletzt bedingt durch den anhaltenden Zuzug von Kolonisten aus Bayern – zu einem Rückgang der slawischen Bevölkerung; im 14. Jahrhundert war diese schließlich so stark zusammengeschrumpft, dass eine völlige Assimilierung erfolgte. Der wirtschaftliche Aufschwung, den die Friedensjahre mit sich gebracht hatten, kam schließlich in den Jahren 1348 bis 1353 völlig zum Erliegen, als die verheerende ZWEITE PEST-PANDEMIE auch die Steiermark erfasste. Dies führte zu einem so drastischen Bevölkerungsrückgang, dass große Teile des Landes verödeten; ganze Ortschaften starben aus.

Auch in Graz wütete die Pest und raffte beinahe die Hälfte der Stadtbevölkerung hinweg. Wer die Möglichkeit dazu hatte, zog auf das Land, um der katastrophalen Situation in den Städten zu entfliehen.

Wie man heute weiß, wurde die Pest vermutlich von Rattenflöhen übertragen. Leider zogen damals auch die Grazer – wie

Schlacht von Kroissenbrunn (heute Groißenbrunn) am 12. Juli 1260: Ottokar II. besiegt die Ungarn unter König Béla IV.

Herzog Ernst der Eiserne: der Tumbadeckel seines Grabmals im Zisterzienserstift Rein.

so mancherorts – die falschen Schlüsse und glaubten an eine Übertragung durch Hunde und Katzen. Dies führte dazu, dass man die besten Freunde des Menschen zu Haufen in der Stadt töten ließ, wodurch sich die Rattenplage noch verschlimmerte. Zum Höhepunkt der Pestwelle in der Mitte des 14. Jahrhunderts muss Graz wie eine Geisterstadt gewirkt haben; der Schloßberg wurde mit seiner Festung zum Bollwerk gegen die Seuche: Aus Angst vor einer Ansteckung verbarrikadierten sich die Burgherren zeitweise hinter den Mauern, um den umtriebigen Sensenmann ja draußen zu halten.

So mancher Grazer war wohl schon damals der Ansicht, dass ihm nichts erspart bliebe. Nach der unsicheren Zeit des Interregnums, den Adelskriegen, den Einfällen der Ungarn und dem Ausbruch der Pest schien die Stadt wirklich nicht vom Glück verfolgt zu sein. 1379, 14 Jahre nach dem Tod Herzog Rudolfs IV., des Stifters, wurde schließlich der habsburgische Besitz im VERTRAG VON NEUBERG aufgeteilt. Die Steiermark und Kärnten, Tirol und die Nebenlande fielen an dessen Sohn Leopold III. Als es 1406 unter den Söhnen Leopolds III. erneut zu einer Aufteilung kam, wurde die Steiermark ERNST DEM EISERNEN zugesprochen. Dies war die erste Aufteilung des Hauses Habsburg in zwei Linien, in die leopoldinisch-innerösterreichische und in die albertinisch-österreichische Linie.

Graz wurde zur Hauptstadt von INNERÖSTERREICH und die Schloßbergfestung zum Herrschaftssitz für eine Ländergruppe, zu der die Steiermark, Kärnten, Krain, die Stadt Triest, die Windische Mark und später auch die Grafschaft Görz zählten.

Erst der Sohn von Ernst dem Eisernern (der seinen Beinamen der sprichwörtlichen Härte verdankte, mit der er die landesfürstlichen Geschäfte führte), der spätere KAISER FRIEDRICH III., vereinigte wieder alle Länder der Habsburger. Fast 40 Jahre lang lebte der Herrscher im Laufe seiner Regierungszeit in Graz und prägte das Stadtbild wesentlich mit. Mit ihm erfuhr die Steiermark auch wieder einen Aufschwung, so ließ er unter anderem die Grazer Burg und die Domkirche in spätgotischem Stil errichten.

GEFAHR AUS
DEM OSTEN

Aus der Regierungszeit Kaiser Friedrichs ist uns eine Beschreibung des alten Graz überliefert, die auch den Schloßberg erwähnt. Der päpstliche Legat ENEA SILVIO PICCOLOMINI, der einige Zeit Geheimschreiber des Kaisers war und später als Papst Pius II. den Heiligen Stuhl bestieg, schrieb in einem Brief an den Erzbischof von Gran, Dionys Szech, im Jahre 1453 Folgendes;

In Steiermark ist ein Fluß, Mur genannt, der aus den Alpen herströmt, in die Drau sich ergießt und mit dieser in die Donau fließt. Am Ufer dieser Mur liegt eine hübsche Stadt, Grätz genannt. Hier strebt mitten aus der Ebene ein ungemein hoher Berg auf, der allenthalben felsig abfällt. Auf seiner Spitze ist ein Schloss, sowohl durch natürliche Lage fest, als durch Menschenwerk befestigt, so daß der Kaiser darauf stolz sein kann.

Kaiser Friedrich III. ließ dieses „Schloss" nun umbauen und die einzelnen Gebäude auf dem Schloßberg zu einer einzigen großen Festung verbinden sowie an die Grazer Burg unten in der Stadt angliedern. Auch die Mauern der Stadt wurden verstärkt: Hatte es im 13. Jahrhundert noch gereicht, mit den einfachen Befestigungen die Ungarn fernzuhalten, so hatte mittlerweile das Zeitalter des Schießpulvers Einzug gehalten und gerade der nächste gefährliche Gegner aus dem Osten war ein Meister darin, dieses zum Einsatz zu bringen. Die Rede ist von den TÜRKEN. Nachdem Konstantinopel, die östlichste Bastion der Christenheit, im Jahre 1453 an die Osmanen gefallen war, drangen die Armeen des Sultans in den Folgejahren beinahe unaufhaltsam über den Balkan nach Mitteleuropa vor. Die Habsburger, die nun bereits seit einiger Zeit die Herren in der Steiermark waren, erkannten, dass es galt, sich für den nächsten Sturm aus dem Osten zu wappnen.

So kam es zum Bau einer Reihe von Befestigungsanlagen in der ganzen Steiermark, unter anderem auch in Graz. Dort wurde im Zuge dieser Bautätigkeiten die größte zusammenhängende Festungsanlage in ganz Mitteleuropa geschaffen. Damit hatte

Türkischer Reitertrupp überfällt einen Ort. Zeitgenössische Darstellung, Steiermärkisches Landesmuseum Joanneum.

Graz seine Stellung als Hauptstadt Innerösterreichs ganz klar ausgebaut und sich als Zentrum der militärischen Hausmacht der Habsburger etabliert.

Der Ansturm der Türken ließ auch nicht lange auf sich warten: Im Jahre 1478 fielen die ersten türkischen Streifscharen in der Steiermark ein. Darauf folgte wenige Jahre später ein weiterer Einfall, der das Land wieder schwer in Mitleidenschaft zog.

Bei einem Raubzug kamen die Türken mit ihrer gewaltigen Armee sogar bis vor die Tore von Graz, trauten sich jedoch nicht die Stadt anzugreifen, da sie der Anblick der mächtigen Schloß-bergfestung davon abhielt.

Kaiser Friedrich III., der damals in Graz residierte, zog sich in seine Burg zurück und musste mit ansehen, wie die Türken das umliegende Land verwüsteten und wie die kleineren Ortschaf-ten rund um Graz in Flammen aufgingen. Auch wenn die Ein-fälle der Türken vorerst nicht verhindert werden konnten, so trug doch das Bollwerk Schloßberg dazu bei, die Landeshaupt-stadt vor Angriffen zu schützen.

DER PLAN DER UNGARN

Auch die Magyaren machten zu dieser Zeit wieder Probleme. Seit Dezember 1479 war die südliche Region um Leibnitz von den Ungarn besetzt.

Als im November 1481 in Wien die Pest grassierte, schickte Kaiser Friedrich III. seine 16-jährige Tochter Kunigunde zu ihrem eigenen Schutz nach Graz. Diese Entscheidung hätte bei-nahe dazu geführt, dass er mit der Schloßbergfestung auch seine Tochter verloren hätte.

Da von dem Gebiet, das die Ungarn besetzt hatten, ständig mit Angriffen zu rechnen war, reiste die Tochter mit einem beträcht-lichen Heeresaufgebot von 1300 Mann nach Graz. Wie sich bald herausstellte, war diese Vorsichtsmaßnahme nicht über-trieben, denn die Ungarn planten tatsächlich, den Schloßberg im Handstreich zu nehmen. Zwei kaiserliche Hauptleute hatten sich mit diesen verschworen und heimlich vereinbart, eine bewaffnete Truppe der Ungarn in die Festung einzulassen. 2000 magyarische Kämpfer sollten die Burg in ihre Gewalt bringen.

Glaubt man der Überlieferung, so war es das Gebell eines treuen Wachhundes, das den Burggrafen ULRICH VON GRABEN alarmierte, der sofort seine Männer verständigte. Die Burgbesatzung besetzte wieder die Mauern und Tore und der Plan der Ungarn scheiterte – die beiden Verräter wurden in Eisen gelegt und nach Wien gebracht, wo man sie vierteilen ließ. Es ging auch das Gerücht um, dass der Anschlag auf den Schloßberg nicht nur der strategisch wichtigen Festung gegolten hätte, sondern auch der Kaisertochter Kunigunde, die dem Ungarnkönig MATTHIAS CORVINUS einst als Frau versprochen worden war. Mit ihr als Geisel hätte er Friedrich stark unter Druck setzen können. Dem wachsamen Hund des Burggrafen wurde jedenfalls zum Dank unterhalb des Uhrturms eine kleine Hundestatue errichtet, die an die Rettung der Kaisertochter erinnern sollte. Später wurde Friedrich III. das ewige Kämpfen um seine Residenzstadt leid und verließ Graz im Jahre 1484 für immer, um die Herrschaft seines Sohnes MAXIMILIAN im Westen des Reiches vorzubereiten. Die Truppen von Matthias Corvinus eroberten daraufhin wiederum Niederösterreich, Steiermark und Kärnten und erst als dieser im Jahre 1490 starb, fielen die Gebiete wieder an den Kaiser zurück.

MAXIMILIAN AUF DEM THRON

Nach dem Regierungsantritt Maximilians verlor Graz für fast 70 Jahre den Status einer Residenzstadt. Maximilian, der „Letzte Ritter", kümmerte sich als Kaiser relativ wenig um die steirische Landeshauptstadt und besuchte diese fast nie. Die Verlegung des Hofstaates hatte auch wirtschaftliche Folgen für Graz. Unter Friedrichs Regentschaft hatten die Bürger stark vom Hof profitiert und Handwerk und Handel florierten. Dies änderte sich unter dem neuen Kaiser drastisch und wie so oft in wirtschaftlich schlechten Zeiten wurde ein Sündenbock gesucht. Diesen fand man in den Juden, die auch in Graz zu Reichtum gekommen waren und sich im Gebiet der heutigen Herrengasse angesiedelt hatten. Um den wirtschaftlichen Abgang zu kompensieren, hielten es viele Grazer für angebracht, die Juden zu enteignen. 1497 kam es daher zur dritten Judenvertreibung und im Zuge dessen zu mehreren Prozessen wegen Kindesmordes und angeblicher Hostienschändung. Die Juden wurden daraufhin gezwungen, alle ihre Besitztümer zu veräußern, und es kam zu einem offiziellen Ansiedelungsverbot für diese in Graz, welches bis 1861 aufrecht bleiben sollte. Diese Verordnung wurde jedoch später des Öfteren umgangen, wenn es darum ging, potentielle Kreditgeber – die die Juden schließlich waren – wieder in die Stadt zu holen.

Dummerweise nutzte der Grazer Bevölkerung die Enteignung der Juden wenig, denn wegen des Ausfalls der Einnahmen durch die Judensteuer belegte Kaiser Maximilian die Stadt mit einer 38.000 Gulden teuren Sonderzahlung und führte die jährliche Landsteuer ein.

Immerhin setzte der Habsburger die Bautätigkeit seines Vaters fort, wenn auch in wesentlich vermindertem Ausmaß. Maximilian ist aber die in den Jahren 1499 bis 1500 erbaute, weltberühmte GOTISCHE WENDELTREPPE zuzuschreiben, welche eines der letzten gotischen Meisterwerke des Landes ist und in ihrer Art ein Unikum darstellt. Noch heute zählt diese zu den bedeutendsten Sehenswürdigkeiten von Graz und ist in der Grazer Burg, wo sich heute der Sitz der Steirischen Landesregierung befindet, anzusehen. Sie ist auch das letzte erhaltene Überbleibsel der alten Stadtburg.

Die Steuerlast unter Maximilian wurde jedoch für die Bevölkerung langsam unerträglich und so kam es zunächst in der Untersteiermark zu Bauernaufständen, die blutig niedergeschlagen wurden, welche aber im Jahre 1515 auch auf Graz übergriffen. Es kam daraufhin reihenweise zu Enthauptungen von angesehenen Bauern und angeblichen Rädelsführern.

Durch die unsichere Haltung der Bevölkerung sah sich Maximilian gezwungen, die Burg zu erneuern, und noch im selben Jahr wurde Landeshauptmann Sigmund von Dietrichstein beauftragt, 2000 Gulden für die Bauarbeiten zu verwenden.

Im Jahre 1520 sollte sich aber herausstellen, dass dieser sich finanziell ordentlich übernommen hatte und die Bausumme um stattliche 3000 Gulden überzogen worden war. Kaiser Karl V., welcher 1519 Maximilian auf den Thron folgte, stellte ihm die fehlende Summe einfach in Rechnung. 1523 wurden die Arbeiten beendet und Dietrichstein gönnte sich eine teure

Der „Türkensturz" unter dem Dach des Palais Saurau in der Sporgasse 25. Tatsächlich haben die Türken den Schloßberg nie belagert.

Bronzegussplakette, die ihn als Erneuerer der alten Burg pries. Tatsächlich ist diese Bronzetafel sogar kunstgeschichtlich von Relevanz, da sie den Einzug der Renaissance in die Steiermark einläutet.

Ob künstlerisch wertvoll oder nicht, die einfache Bevölkerung sah ihr hart verdientes Steuergeld wieder einmal von der Obrigkeit falsch investiert und so kam es 1525 zu erneuten Bauernaufständen, was dazu führte, dass die Besatzung der Schloßbergfestung aufgestockt wurde. Da Bauernaufstände zu dieser Zeit aber überall im Reich auftraten und Graz immerhin als eine der sichersten Festungen galt, ließ Maximilian den Staatsschatz von Wiener Neustadt auf den Schloßberg bringen.

1531 kam es infolge heftiger Blitzeinschläge bei einem fürchterlichen Unwetter zu schweren Bränden auf der Festung und der damalige Landeshauptmann Franz Ungnad hatte alle Hände voll zu tun, um den Schatz, vor allem die unveräußerlichen Erbstücke des Hauses Habsburg, darunter das AINKHÜRN (Einhorn), zu retten. Dabei musste er zusehen, wie sein gesamtes eigenes Hab und Gut in Flammen aufging. In der Folge wurden daher die vielen alten hölzernen Stiegen und Gänge durch steinerne ersetzt.

Ab 1533 kam es auf dem Schloßberg wieder zu regelmäßigen Bautätigkeiten. Inzwischen war König Ferdinand von seinem Bruder Karl V. mit der alleinigen Verwaltung der österreichischen Länder betraut worden. Da bis dahin alle Bauarbeiten auf dem Schloßberg nur einem Flickwerk geglichen hatten und die Festung im Grunde eigentlich hoffnungslos veraltet war, beschloss der neue Landesherr schließlich, im Angesicht der ständig steigenden Türkengefahr die Festung komplett erneuern zu lassen.

DIE OSMANEN VOR GRAZ

Der Feind aus dem Osten sollte den Grazer Ausbauplänen aber zunächst zuvorkommen. Nach der vergeblichen ersten Belagerung von Wien im Jahre 1529 kehrte SULTAN SÜLEYMAN DER PRÄCHTIGE drei Jahre später erneut mit einem gewaltigen Heer zurück, mit dem Ziel, die österreichischen Erbländer zu erobern. Wäre er auf diesem Feldzug etwas schneller vorgerückt, dann wäre ihm das vielleicht auch gelungen, doch da er für die Belagerung der ungarischen Stadt Güns *(Kőszeg)*, welche so heldenhaft vom kaiserlichen Feldherren Nikola Jurisic verteidigt worden war, länger brauchte als geplant, verlor er einen ganzen Monat Zeit. In dieser Zeit war es dem Kaiser aber möglich, seinerseits ein starkes Heer zur Verteidigung zusammenzuziehen, und Soliman musste seine Pläne verwerfen und durch die Steiermark den Rückzug antreten. Dieser Rückzug glich einem einzigen „Zerstörungsmarsch", der die Landbevölkerung äußerst hart traf. Zu Tausenden wurden die Steirer in Gefangenschaft genommen und als Sklaven weggeführt. Zahlreiche Ortschaften, wie Hartberg und Gleisdorf, wurden praktisch dem Erdboden gleichgemacht. Besonders gefürchtet war die türkische Reiterei: Sie streifte durch das ganze Land und zerstörte in sinnlosen Racheakten für den gescheiterten Feldzug alles, was ihr in den Weg kam. Die Landbevölkerung gab diesen gefürchteten Streifscharen deshalb die Bezeichnung RENNER UND BRENNER. Von den unzähligen Entführungsopfern aus der Steiermark ist uns sogar die Geschichte eines gewissen Achmed aus Graz überliefert. Dieser kam 1579–1580 als Großwesir des Osmanischen Reiches zu hohen Würden und war vermutlich einer der vielen Christen, die zur Bekehrung zum Islam gezwungen wurden und als Dank für ihr verschontes Leben dem Sultan zu Diensten sein

Sultan Süleyman der Prächtige. 1532 ziehen seine Truppen an Graz vorbei.

mussten. Viele dieser verschleppten Abendländer stiegen später in hohe Beamtenpositionen auf und entwickelten sich zu äußerst loyalen Gefolgsleuten.

Am 12. September 1532 näherte sich Sultan Süleyman mit seinem Heer schließlich Graz.

Die Stadtbevölkerung rechnete schon mit dem Schlimmsten, doch eine glückliche Fügung sollte den Osmanenherrscher davon abhalten, die Stadt anzugreifen. Angeblich stand damals der Nebel um die Stadt so dicht, dass jeder Angriff sinnlos gewesen wäre. Das war für die Grazer ein äußerst glücklicher Umstand, denn die veralteten Ringmauern hätten den modernen Belagerungsgeräten der Türken kaum standgehalten. Diese waren mit schweren Kanonen ausgerüstet und die osmanischen Mineure verstanden sich meisterhaft auf das Mauerbrechen. Hätte Soliman bessere Sicht gehabt, so hätte er gesehen, dass

Sultan Süleyman mit seinem Heer. Türkische Miniatur, 16. Jahrhundert.

die Mauern eigentlich nur schwach verteidigt waren, denn das steirische Reiterkontingent war zu dieser Zeit an der Donau, wo es König Ferdinand in Linz beistand.

So musste das türkische Heer einen ganzen Tag und eine ganze Nacht an der Stadt vorbeimarschieren. Für die Menschen damals in Graz mit Sicherheit die längsten Stunden ihres Lebens. Durch den dichten Nebel konnten sie ihrerseits den Feind ebenso wenig erkennen, sondern vernahmen nur das Marschgetrommel und den Kriegsgesang der Soldaten.

Es muss fast gespenstisch auf beide Seiten gewirkt haben. Für die Türken war die Stadt ein verschleiertes Bollwerk mit einer gigantischen Festung, die nur schemenhaft im Nebel zu erkennen gewesen sein muss und deshalb vielleicht um einiges mächtiger auf die Türken wirkte, als es tatsächlich der Fall war.

Rund um Graz waren alle Dörfer, Höfe und Kirchen ausradiert worden. Die Felder waren verbrannt und die Landbevölkerung war, sofern sie sich nicht hinter die schützenden Stadtmauern retten hatte können, massakriert oder verschleppt.

Die Grazer kamen mit dem Leben davon, mussten dafür aber einen hohen Preis zahlen. Ein türkischer Geschichtsschreiber namens BEDSCHEWI erinnert sich an den Anblick der steirischen Landeshauptstadt wie folgt: *Am 11. September lagerte man vor der unvergleichlichen Stadt Gradsch. Wenn es im Lande der Ungläubigen eine ihr gleiche Stadt gibt, so ist es nur die Residenz des Königs in Wien.*

Aber auch die Grazer bewahrten in zahlreichen Geschichten das Gedenken an die schrecklichen Tage des Türkenzuges. So berichtet eine Sage, dass die Türken die Stadt gestürmt haben sollen und den Schloßberg vergeblich belagerten. Dabei soll dem Befehlshaber Ibrahim Pascha, der im Palais Saurau in der Sporgasse Quartier bezog, mit einer Kanonenkugel vom Schloßberg aus die Braten vom Teller geschossen worden sein. Daraufhin soll dieser ganz erbost ausgerufen haben: „Was nützt mir die kalte Stube ohne den Ofen", womit er meinte, dass ihm die Stadt ohne die Burg nichts nütze. Eine Erkenntnis, zu der später auch so manch andere Belagerer kommen sollten.

An diese, allerdings nicht der Wahrheit entsprechende Episode, erinnert heute noch eine Türkenstatue, die aus einem Fenster des Palais Saurau herausragt.

DIE NEUE FESTUNG

Als in den Jahren 1543 und 1544 die Angst vor einem neu-
erlichen Einfall der Türken stieg, bedrängte der steirische
Landtag den Landesherren König Ferdinand I. mit der Bitte,
die Stadt Graz mit neuen Befestigungsanlagen auszustatten. Ferdinand stimmte zu und im Sommer 1544 begann man mit dem
Bau – ein neues Kapitel in der Stadtgeschichte wurde aufgeschlagen.

Zum obersten Bauherren wurde von Ferdinand der Italiener
DOMENICO DELL'ALLIO ernannt. Der aus dem Dorf Scaria stammende Lombarde galt als führende Persönlichkeit auf dem
Gebiet des modernen italienischen Festungsbaus. Die alten
Ringmauern um die Stadt mit ihren Türmen waren nicht mehr
geeignet, der neuen Belagerungstechnik, die sich immer mehr
auf das Schießpulver stützte, zu widerstehen. Daher wurde rund
um die Stadt ein ausgeklügeltes Graben- und Basteiensystem
angelegt; auch der Schloßberg wurde neu befestigt, die mittelalterliche Festung verschwand fast zur Gänze. Ein besonderes
Zeugnis baumeisterlicher Kunst stellt das neue Wasserversor-
gungssystem dar, welches in Zukunft die Bewältigung langer
Belagerungen ermöglichen sollte.

Von 1544–1547 wurde eine sechzehn Meter tiefe Zisterne am
oberen Plateau angelegt und ein gewaltiger Brunnen ganze 94
Meter tief durch den Fels bis zum Grundwasser der Mur getrie-
ben. Der Schacht wurde im Jahre 1558 fertiggestellt und erhielt
später die Bezeichnung TÜRKENBRUNNEN, da beim Bau türkische
Gefangene eingesetzt worden waren. Unter diesem Namen ist
der Brunnen auch heute noch bekannt; er befindet sich unterhalb der Stallbastei.

Im Belagerungsfalle verfügte die Schloßberggarnison somit
nicht nur über Regenwasser, das in den großen Zisternen
gesammelt wurde, sondern auch über ausreichend frisches
Grundwasser. Letzteres war in früheren Zeiten vor allem für die
Gesundheit der Soldaten von Bedeutung, da die Gefahr einer
Verunreinigung des Wassers wesentlich kleiner war als bei den
Zisternen.

*Der Schloßberg nach dem Ausbau der Festungsanlagen durch Domenico
dell'Allio. Kupferstich von Matthäus Merian, 1679.*

Der sogenannte „Türkenbrunnen" erhielt diesen Namen erst im 19. Jahr-
hundert.

Eine weitere wichtige Erneuerung war die mächtige und schon
erwähnte Stallbastei. Sie diente als Vorratskammer, Unterkunft
und schützendes Bollwerk bei Artilleriebeschuss.

Weiters wurde das alte Herrschaftsschloss auf dem Plateau, der
Palas, abgetragen. Im ehemaligen Burggraben erbaute man die
neue Kommandantur, deren Kellergewölbe heute noch erhalten sind und als „Kasematten-Freiluftbühne" für Veranstaltun-
gen genutzt werden. Durch die „Versenkung" des Gebäudes in
den Graben wurde gleichsam ein Bunker geschaffen, der die
wichtigen Befehlsstellen vor Bomben und Granaten schützten
sollte. Nach einer kurzen Unterbrechung der Bauarbeiten im
Jahre 1553 – bedingt durch eine Pestwelle in der Stadt – wurde
die neue Festung im Wesentlichen 1559 fertiggestellt.

Allerdings fehlte noch etwas sehr Wichtiges: der Uhrturm. Im
Jahr darauf, 1560, wurde er dazugebaut, wobei eigentlich nur
der alte mittelalterliche Stadtturm umgebaut wurde. Das berühmte Grazer Wahrzeichen erhielt damals sein heutiges
Erscheinungsbild.

Neben einigen anderen Gebäuden kam 1588 noch der GLOCKEN-
TURM hinzu, der zwar nicht so berühmt ist wie der Uhrturm,
dem aber nicht weniger Bedeutung zukommt. In ihm schlägt
heute noch die LIESL, die mächtigste Glocke von Graz, deren
unverwechselbarer Klang bis an die Stadtgrenzen zu hören ist
und von der viele sagen, dass sie weitaus schöner und imposanter klingt als die „Pummerin" im Wiener Stephansdom. Der
Glockenturm ist der höchste Aussichtspunkt von Graz und war

deshalb in früheren Zeiten auch der wichtigste Wachtturm. Bei Ausbruch eines Feuers oder bei Annäherung eines Feindes wurden hier am obersten Punkt des Schloßberges sofort die Alarmglocken geschlagen.

In den letzten Jahren war der Glockenturm auch Gegenstand von Kriminalromanen und Spielfilmen und wird immer wieder gerne als interessante Kulisse für Filmproduktionen genutzt.

Als Baumeister der sogenannten *windisch-kroatischen Gränze* war Domenico dell'Allio nicht nur für den Festungsbau verantwortlich. Neben diesem schuf er von 1558 bis 1563 eines der schönsten Renaissance-Gebäude der Steiermark, nämlich das LANDHAUS in Graz. Mit seinem Stil begründete er sogar die „Grazer Schule" und holte zahlreiche italienische Handwerker und Architekten ins Land. Bis heute ist der südländische Einschlag im Stadtbild sichtbar, weshalb man Graz heute noch italienisches Flair nachsagt.

Nach dem Tod dell'Allios im Jahre 1563 kam es zu einem kurzen Erliegen der Bautätigkeiten. Außerdem hatten sich die steirischen Landstände mit dem Bau des Landhauses finanziell hoffnungslos ausgeblutet. Zum neuen Baumeister wurde wieder ein Italiener bestellt. FRANCESCO TEOBALDI konnte wegen der fehlenden Geldmittel allerdings wenig zu Stande bringen, außer an den Bauwerken seines Vorgängers Kritik zu üben, die so viel

Der achteckige Glockenturm von Westen gesehen. Lithografie von Heribert Lampel, 1842.

unnötiges Geld gekostet hätten. Tatsächlich ließen sich italienische Baumeister damals sehr gut bezahlen und vielleicht wäre so mancher Neubau mit einem heimischen Fachmann wahrhaftig billiger gewesen. 1570 folgte schließlich dem glücklosen Teobaldi BALDASSARE PERUZZI nach.

Die Bevorzugung der ausländischen Baumeister stieß bei den steirischen Gilden verständlicherweise auf wenig Gegenliebe und spätestens bei diesem Wechsel hätten sie gerne einen der ihren favorisiert gesehen, aber Peruzzi hatte ausgezeichnete Referenzen, die Erzherzog Karl, der 1564 die Herrschaft von Innerösterreich angetreten hatte, nicht ignorieren wollte. Peruzzi stammte nämlich aus einer berühmten Baumeisterfamilie aus Florenz und sein Vater war einst nach dem Tode Raffaels für den Bau der Peterskirche in Rom verantwortlich gewesen. Der

Graz mit dem Schloßberg im Jahre 1594. Kupferstich von Georg Pehaim (Peham). Im Vordergrund der achtspännige Reisewagen der Erzherzogin Maria.

Italiener war also Prestigesache für Karl. Außerdem kam in dieser Zeit noch ein anderer Faktor hinzu: Der Baumeister war treuer Katholik so wie alle Italiener und die Glaubensspaltung in der Kirche warf bereits ihre Schatten über Graz.

Die protestantischen Landstände ließen sich jedenfalls die Zuschüsse nur unter äußerstem Druck abringen, denn schließlich befürchteten diese, dass die Neue Festung als Ausgangspunkt für die Gegenreformation dienen könnte. Eine nicht unberechtigte Annahme, wie sich später herausstellen sollte. Vor allem die Bürgerschaft war protestantisch eingestellt und verfügte über den Großteil der finanziellen Mittel.

ERZHERZOG KARL UND DIE JESUITEN

Erzherzog Karl hatte sich lange sehr gemäßigt gegenüber den Protestanten verhalten, nicht zuletzt auch deswegen, weil er sich einige Jahre hindurch Chancen ausrechnete, mit Königin Elisabeth II. von England verheiratet zu werden. Dennoch brachte er schließlich die Gegenreformation nach Graz und beauftragte die Jesuiten mit der Remissionierung. Im Zuge dessen wurden nicht nur Klöster, sondern 1585 auch die Universität gegründet, die vor allem theologische Inhalte lehren sollte. Natürlich alles streng katholisch.

Obwohl es Karl noch nicht wagte, härter gegen den Protestantismus vorzugehen, war er sehr um seinen eigenen Schutz bemüht. So ließ er 1586 einen gedeckten und gemauerten Gang errichten, der von der Stadtburg in die sichere Schloßbergfestung führte.

Dieser „GEHEIME GANG", welcher vom Palais Saurau wegführt, war Grund heftiger Auseinandersetzungen mit den Landständen, die ihre schlimmsten Befürchtungen bestätigt sahen, schließlich waren die Schießscharten der Mauer auch stadtseitig ausgerichtet. Daraufhin veranlasste Karl, dass die Schloßbergbesatzung konfessionell „gesäubert" wurde. Alle protestantischen Soldaten wurden entlassen und eine streng katholische Mannschaft in Dienst gestellt. Paradox ist, dass die nahe Türkengefahr im Osten offenbar kleiner erschien als die Gefahr durch die Lutheraner, hatte es doch durchwegs den Anschein, als würden die Befestigungsanlagen eher mehr der Kontrolle der Stadt dienen.

1590 starb Karl und für kurze Zeit schien sich die Lage zwischen den Konfessionen zu entspannen. Ihm folgte jedoch der wesentlich fanatischere Ferdinand II. nach und dieser scheute auch vor drastischen Aktionen nicht zurück. Von Jesuiten in Bayern erzogen, verstand er in Glaubensfragen keinen Spaß.

1600 zwang er deshalb per Erlass alle Bürger und Beamten zur Ablegung eines schriftlichen Glaubensbekenntnisses. Anfang August mussten sich diese in der Stadtpfarrkirche einfinden und per Unterschrift ihre Zugehörigkeit zum einzig wahren Glauben bestätigen. Nicht jeder konnte dies mit seinem Gewissen vereinbaren und hundertsechzig Personen wurden so des Landes

Erzherzog Karl II. von Innerösterreich. Federzeichnung von Victor Jaspers.

verwiesen, so z. B. der berühmte Astronom JOHANNES KEPLER,
der an der protestantischen Stiftsschule in Graz lehrte. Schriften und Bücher, die von der katholischen Kirche nicht ihren
Segen erhielten, wurden verbrannt. Ferdinand wollte zudem die
Schloßbergbesatzung aufstocken und ließ loyale und vor allem
erzkatholische Soldaten aus Görz und Istrien nach Graz verlegen. Diese Verstärkung war auch dringend notwendig, denn all-
mählich füllte sich das Gefängnis auf der Festung. Es wurden
nicht nur reihenweise Protestanten eingekerkert, sondern auch
all jene, die ihnen in irgendeiner Form Unterstützung gewährt
hatten. Selbst vor angesehenen und hochgestellten Persönlich-

Wurde 1809 durch eine Initiative der Bürger vor der Zerstörung bewahrt: der Glockenturm.

keiten machte die Inquisition nicht Halt. So wurden etwa der ständische Sekretär Kandelbauer und der Landstand Gabelkofer ebenfalls hinter Schloss und Riegel gebracht und angeblich sogar geköpft.

Seine „Säuberungen" ließ Ferdinand sogar mit großen Festen feiern, wobei die Grazer wenig Freude dabei gehabt haben sollen. Schließlich sollte sich die Aufmerksamkeit wieder auf die Türken lenken und nun rächte sich, dass diese so lange unbedacht geblieben waren. Die Stadt Kanischa *(Kanizsa)* in Ungarn wurde im Oktober 1600 von Truppen der Hohen Pforte nach 40-tägiger Belagerung erobert und als ein Jahr später der Versuch einer Rückeroberung kläglich scheiterte, kam es durch aufständische Ungarn wieder zu großen Verwüstungen in der Steiermark, bis man sich 1606 mit dem Friedensschluss von Zsitvatorok vorerst Ruhe an der Ostgrenze erkaufte.

Als 1619 Ferdinand zum Kaiser gekrönt wurde und der Hof nach Wien abwanderte, atmeten die Protestanten in der Steiermark auf, doch die Freude war verfrüht: 1628, der Dreißigjährige Krieg hielt Mitteleuropa in Atem, griff der Kaiser wieder hart durch. Scharenweise mussten protestantische Adelige das Land verlassen, wurden enteignet und ihre Kinder zum Zwecke der Umerziehung der Kirche übergeben.

Dieser endgültige Bruch wurde erst mit dem Toleranzpatent von KAISER JOSEPH II. 1781 aufgehoben. Dieser weise Herrscher, der seiner Zeit bestimmt voraus war, rang den Grazern somit einiges an Sympathie ab und nicht ohne Grund steht deshalb die evangelische Kirche auf dem Kaiser-Josef-Platz.

Für den Kirchenbau war die Gegenreformation jedenfalls vorteilhaft. So stammen zahlreiche der wunderschönen Grazer Barockkirchen und Gebäude aus dieser Zeit. Eines der wohl wichtigsten unter ihnen ist das monumentale MAUSOLEUM von Giovanni Pietro de Pomis, in dem Kaiser Ferdinand II. und seine Gemahlin bestattet wurden – nicht nur ein imposanter Barockbau, sondern auch die größte Grabstätte der Habsburger.

Der „gedeckte Gang" von der Bürgerbastei zum Palais Saurau auf einer Nachzeichnung des Schloßbergmodells von 1809.

Eine erste Ansicht der neuen Festung ist uns aus dem Jahre 1594 vom Künstler GEORG PEHAM überliefert. Auf der Abbildung sind die neuen Basteien der Stadt rund um das eiserne Tor, die Grillbühel- bzw. Dietrichsteinbastei mit dem Wappenschmuck an der Bergspitze sowie das überragende Bollwerk der Festung – „Katze" oder „Sack" genannt – zu erkennen. Links im Bild ist weiters die Bürgerbastei mit dem Uhrturm zu sehen, gut erkennbar auch die serpentinenartige Schloßbergstraße vom Karmeliterplatz zum Festungstor.

Das Bild zeigt eindrucksvoll, wie schwer es gewesen sein muss, diese Festung zu erstürmen. Deshalb machte jeder Feind in den

„Metropolis Styriae": Ansicht der Stadt von Süden von Matthäus Merian, 1679. Deutlich erkennbar sind die neuen Stadtmauern und die ausgebaute Schloßbergfestung.

nächsten Jahrhunderten einen großen Bogen um sie und die Türken versuchten mehrmals in Friedensverträgen die Schleifung zu erwirken. Man möge meinen, dass eine so mächtige Festung oft im Zentrum von Kampfhandlungen stand. Tatsächlich aber hatte sie hauptsächlich abschreckenden Charakter, aber dazu später mehr.

Gegen Ende des Dreißigjährigen Krieges, im Frühjahr 1645, standen die schwedischen Truppen vor Wien und der kaiserliche Hof flüchtete panikartig mit allem Hab und Gut nach Graz, wo sich die Kaiserin mit ihren Söhnen auf der Schloßbergfestung in Sicherheit brachte. Man ging davon aus, dass die Schweden nicht bis nach Graz kommen würden, um eine Belagerung der Festung zu riskieren.

Bis zum Westfälischen Frieden 1648 blieb der Schloßberg so eine sichere Heimstatt für die habsburgischen Prinzen und spätestens in dieser Zeit wurde dafür gesorgt, dass die Räumlichkeiten mit einigem Komfort ausgestattet wurden. Beim Neubau der Festung unter Erzherzog Karl hatte man wegen Geldmangel noch auf eine sehr spartanische Einrichtung zurückgreifen müssen, was das Leben auf dem Schloßberg für die Soldaten nicht gerade angenehm gemacht haben dürfte. Berichten zufolge waren diese gezwungen, auf dem Steinboden zu schlafen, da es noch keine Betten aus Holz gab, und selbst Fenster und Balken sparte man vorerst aus, was den Kammern und Zimmern sicher wenig Wohnlichkeit beschert hatte. Die Anwesenheit der Prinzen auf der Festung sorgte hier für eine entscheidende Änderung.

1664 dämmerte erneut die Türkengefahr herauf und es schien, als müsse sich die neue Burg bald beweisen. In aller Eile wurde der Schloßberg damals mit Truppen besetzt, doch GRAF MONTECUCCOLI fing das Heer der Hohen Pforte unter Großwesir Köprülü Fazil Ahmed Pascha am 1. August 1664 bei Mogersdorf ab und fügte ihm eine schwere Niederlage zu. Zwar war die Gefahr durch die Osmanen damit noch nicht endgültig gebannt, schließlich sollten diese 1683 Wien ein zweites Mal belagern, doch der Grazer Schloßberg verlor in dieser Zeit militärisch ziemlich an Bedeutung.

Durch die erfolgreichen Feldzüge von *Prinz Eugen* konnte die Grenze immer weiter nach Osten geschoben werden, sodass die Steiermark ihren Charakter als Grenzland verlor; die zahlreichen Festungen büßten an Bedeutung ein.

Der Schloßberg wurde in weiterer Folge hauptsächlich als Staatsgefängnis genützt. Paradoxerweise war dieses nun sehr komfortabel ausgestattet und so mancher Häftling hat wohl damals insgeheim darum gebeten, auf den Schloßberg verlegt zu werden, wo man als solcher noch relativ gut untergebracht war.

EXKURS: DER FALL TATTENBACH

Unter den ersten prominenten Inhaftierten auf dem Schloßberg waren die Gräfin Anna Katharina von Zrinyi und Hans Erasmus Graf von Tattenbach, der später im Grazer Rathaus enthauptet wurde.

Folgende Geschichte hatte sich zugetragen: Nach dem Friedensschluss von Vasvár, der dem Sieg in der Schlacht bei St. Gotthard folgte, kam es zu einem Zerwürfnis des Wiener Hofes mit den ungarischen Adeligen und Graf Tattenbach, ein „eitler Flachkopf", sah seine Chance, noch mehr Einfluss zu gewinnen – er schlug sich mit dem Ziel, Herzog der Steiermark zu werden, auf die Seite der Aufständischen. Mit Hilfe eines Bauernheers und türkischer Truppen sollten die Städte Pettau, Radkersburg, Marburg und Graz eingenommen werden. 1669 wurde Tattenbach, der in der Untersteiermark bedeutende Ländereien besaß, von Kaiser Leopold I. noch zum Regierungsrat ernannt, gleichzeitig braute sich aber schon Unheil über ihm zusammen: Sein Kammerdiener Balthasar Riebel verriet ihn und seine kroatischen Mitverschwörer Peter Zrinyi und Franz Christoph Frangepani an die Wiener Regierung, die ihn nun bespitzeln ließ.

Hans Erasmus Graf von Tattenbach wird am 1. Dezember 1671 im Grazer Rathaus hingerichtet. Zeitgenössischer Stich.

Am 22. März 1670 wurde Tattenbach in Graz verhaftet, dank der Spitzeldienste Riebels konnte man schnell auch Zrinyi und Frangepani aufgreifen, welche beide in Wiener Neustadt zum Tode verurteilt wurden. Tattenbach allerdings, der vom Kaiser als der schlimmste Abtrünnige angesehen wurde, musste in Graz einen förmlichen Prozess über sich ergehen lassen. Zunächst wurde er sogar von der innerösterreichischen Regierung für nicht schuldig gesprochen; ein Sondergerichtshof in Wien entschied sich in letzter Instanz für das Todesurteil; Kaiser Leopold I. bestätigte den Richterspruch.

Dieses Urteil wurde am 1. Dezember 1671 im Innenhof des Grazer Rathauses vollstreckt, ganze vier Hiebe soll der Henker gebraucht haben, bis der Kopf des Grafen endlich rollte. Der Name Tattenbachs wurde aus der steiermärkischen Adelsmatrikel gestrichen, seine Güter wurden von der Hofkammer konfisziert.

Die Gräfin Zrinyi, die eine wesentliche Mitverschwörerin und Eingeberin Tattenbachs gewesen war, verschonte man, und erst als sie zusagte, ins Kloster der Karmeliterinnen zu gehen, wurde sie aus der Haft entlassen, allerdings mit der Auflage, dass sie ihr Nonnendasein niemals aufgeben dürfe, ansonsten drohe ihr erneut der Kerker. ◾

FEUER UND PEST HINTER GITTERN

Nach einigen friedlich-ruhigen Jahren, in denen nur die glanzvolle Hochzeit Leopolds am 15. Oktober 1673 mit Erzherzogin CLAUDIA FELIZITAS VON TIROL erwähnenswert scheint, brach 1680 in Graz eine fürchterliche Pestwelle aus. 3500 Menschen starben in der Stadt an der Seuche. Im Gegensatz zu früheren Zeiten wurde diesmal der Schloßberg nicht verschont. Es wird angenommen, dass die Krankheit durch Häftlinge von der Stadt in die Festung eingeschleppt wurde. So brachen kurz darauf unter den Soldaten nicht nur die Pest, sondern auch die Blattern aus. Die Männer bekamen hohes Fieber, quälenden Durst und die typischen Pestbeulen und brachen oft mitten im Dienst zusammen. Die meisten starben nach 3–4 Tagen. Die Toten wurden nahe der Killiansbastei einfach in ein verstecktes Mauer-

Schloßbergfestung um 1700. Kupferstich von Andreas Trost.

eck geworfen, wo der Leichenberg einfach vor sich hin verweste. Zu allem Übel brach in der Nacht auf den 23. August 1680 auch noch nahe der Stallbastei ein Feuer auf dem Schloßberg aus, das auf das Pulvermagazin überzugreifen drohte. Wäre das geschehen, dann wäre vermutlich der halbe Berg in die Luft geflogen, denn schließlich lagerten dort die Pulvervorräte für ganz Innerösterreich.

Da die Besatzung der Festung aber so geschwächt war, konnte sie das Feuer nicht löschen und so brachte sich einfach jeder, der noch laufen konnte, in Sicherheit. Zum Glück setzte starker Regen ein, der das Feuer schließlich löschte. In all dem Trubel hatte man jedoch ganz auf die Häftlinge in den Kellern vergessen – angeblich erst einige Tage später fand man die Unglücklichen, sie waren allesamt an den Rauchgasen erstickt. Den Wachsoldaten bot sich ein grauenhaftes Bild dar.

Claudia Felizitas von Tirol. Porträt aus dem Jahre 1673.

Nach Ende der Pestpandemie, die mehr als ein Fünftel der Stadtbevölkerung das Leben gekostet hatte, errichtete man auf dem Karmeliterplatz unterhalb des Schloßberges die Dreifaltigkeitssäule, bei deren Einweihung der Augustinermönch ABRAHAM A SANCTA CLARA jene berühmte Pestpredigt hielt, die später Friedrich Schiller als Vorlage zur Kapuzinerpredigt im *Wallenstein* diente.

Keine drei Jahre später brach zum wiederholten, aber diesmal letzten Male die Türkenpanik aus. Durch die Pest war die

Schloßbergbesatzung auf stolze 80 Mann zusammengeschrumpft und als der türkische Großwesir Kara Mustapha 1683 mit seinem gewaltigen Heer aus 100.000 Mann in Österreich einfiel, glaubten die Grazer, nun sei ihre letzte Stunde endgültig gekommen. Jeder ging davon aus, dass die Osmanen zuerst auf die steirische Hauptstadt marschieren würden. Da man diesmal schlechter gerüstet war als je zuvor, wurde zwar eilig die Befestigung organisiert, aber es standen kaum professionelle Soldaten zur Verfügung. Auch waren die Anlagen der Schloßbergfestung inzwischen wieder in die Jahre gekommen und wenig gepflegt worden, sodass diese in einem äußerst schlechten Zustand waren. Doch wieder sollte es für die Grazer zu einer glücklichen Fügung kommen, denn die Türken marschierten dankenswerterweise auf Wien. Darüber waren einige Bürger bestimmt der Schadenfreude nicht abgeneigt, denn schon damals bestand eine gewisse Rivalität zwischen den beiden Residenzstädten, die auch heute noch spürbar ist.

In Wien kam es dann zur Zweiten Türkenbelagerung, welche erfolgreich abgewehrt werden konnte. In den Folgejahren wurden die Osmanen durch PRINZ EUGEN so weit zurückgedrängt, dass durch sie keine Gefahr mehr bestand. 1704 meldeten sich aber ein allerletztes Mal auch die Ungarn zurück, als die sogenannten KURUZZEN in der Steiermark einfielen. Damals wurde der Schloßberghauptmann Graf Rabatta ausgesandt, um die Rebellen zu zerschlagen. Dabei wurde aber Rabattas Truppe am 4. Juli 1704 bei Mogersdorf komplett aufgerieben, was die Grazer veranlasste, über den glücklosen Kommandanten zahlreiche Spottlieder zu dichten.

DAS LEBEN AUF DEM SCHLOSSBERG

Der kahle Festungsberg über der Stadt war zu allen Zeiten bewohnt und stellte immer so etwas wie ein eigenes kleines Soziotop dar: Der Schloßberg hatte seine eigene Verwaltung, seine eigenen Handwerkstätten, Unterkünfte und auch Wirtshäuser. Für das Leben der Soldaten sowie für die fürstlichen Herren war stets gesorgt. Schon im Mittelalter, als man mit dem Bau der zusammenhängenden Burganlage begonnen hatte, hatte man darauf geachtet, dass sich der Schloßberg möglichst eigenständig versorgen konnte.

Mit dem Neubau der Festung kehrte dann mehr und mehr ein strikt geregelter Festungsalltag ein, der sehr militärisch bestimmt war. In Friedenszeiten war es früher üblich, möglichst wenige Soldaten zu unterhalten, da diese teuer waren und sich eher langweilten. Außerdem hatten die meisten Kriegsknechte auch einen zivilen Beruf erlernt, dem sie in Friedenszeiten nachgehen konnten. So kam es, dass auf der Festung nur eine Rumpfbesatzung unterhalten wurde, um den Wachdienst aufrechtzuerhalten. Im Jahre 1552 bestand die Garnison gerade einmal aus 25 Mann. Trotzdem herrschte immer ein gewisser Platzmangel auf dem Berg. Es waren ja nicht nur die Soldaten, sondern auch ihre Familien, die in der Festung wohnten. Weiters unterhielt der Schlosshauptmann auch seine eigene Dienerschaft und Verwaltungsmitarbeiter. Residierte dann auch noch der Landesfürst mit seinem gesamten Gefolge im Palas, dann wurde es trotz der wenigen Soldaten eng. Diese hatten mit dem Wachdienst auch immer alle Hände voll zu tun und klagten oft über den anstrengenden Dienst. Auf dem Schloßberg wurden nicht nur zeitweise wertvolle Schätze gelagert, sondern stets auch ausreichend Kriegs- und Versorgungsgüter. Während der Türkenkriege lagerten in der Festung Munition und Waffen für mehrere tausend Mann.

Da möchte man meinen, dass eine so kleine Wachmannschaft in Friedenszeiten etwas fahrlässig erscheint, doch wesentlich mehr waren nicht notwendig. Es war ohnehin fast unmöglich, sich in die Festung einzuschleichen und etwas zu entwenden. Der einzige Zugang war die Auffahrt vom Karmeliterplatz bis

Haus am Fuße des Schloßbergs. Handkoloriertes Glasdiapositiv, um 1905.

Die „Alte Arkade". Lithografie von Heribert Lampel, 1842.

zum Festungstor. Alle anderen Berghänge waren viel zu steil, als
dass sich hier jemand an die Mauern wagen konnte. So kam es,
dass sich der Wachdienst auch nur auf einige wenige Schlüssel-
positionen beschränkte. Außerdem dachte man psychologisch:
Natürlich hätte eine größere Wachmannschaft den Dienst der
Männer erleichtert, doch dann hätten diese auch mehr Freizeit
gehabt, und dies wollte man verhindern.

Ein Soldat, der nichts zu kämpfen hatte, langweilte sich und
verfiel nur allzu leicht der Trunkenheit und der Spielsucht. Eben
dem wollte man vorbeugen und so hielt man die Besatzung
möglichst klein, um ständig für Beschäftigung sorgen zu können.

Vergehen im Festungsdienst wurden hart bestraft. Das berüch-
tigte Spießrutenlaufen war nicht nur eine preußische Methode,
sondern erfreute sich auch bei manchen österreichischen Offizieren großer Beliebtheit. Sadisten gab es schließlich beim Militär schon immer.

Um 1633 ist uns vom sächsischen Ritter GEORG VON NEITZSCHITZ
sogar eine Beschreibung des Wachdienstes überliefert:

*Zu jeder Viertelstunde wurden in den gemauerten Schildhäusern
und auf der Kurtinenmauer, sowie an den Basteiecken von den
Wachsoldaten die Wachglocken geschlagen und die jeweiligen
Losungsworte zugerufen. War der Ruf des einen Posten verklungen,
so hatte der nächste Soldat zu antworten.*

Ruhig war der Wachdienst also nicht und das ständige Ritual hielt die Männer wach. Antwortete nämlich ein Soldat auf den Losungsruf nicht, so war mit ihm entweder etwas passiert oder er war eingeschlafen. Traf Letzteres zu, gab es zur Strafe Soldentzug oder Stockschläge.

Bei KRIEGSGEFAHR wurde die Besatzung dementsprechend verstärkt, sodass es schon sehr eng werden konnte. Bis zu 3000 Soldaten vermochte die Festung schätzungsweise aufzunehmen, wobei sie dann vermutlich schon aus allen Nähten platzte. Tatsächlich waren es jedoch nie so viele. Üblich waren 100–300 Mann, die bei unmittelbarer Bedrohung der Festung durch einen Feind maximal auf tausend Soldaten aufgestockt wurden. Üblich war es, die Besatzung zuerst mit dem Landesaufgebot zu verstärken. Dieses bestand großteils aus für den Kriegsdienst eingezogenen Bürgern, gleichsam die „Wehrdiener" der damaligen Zeit. Auch die Grazer hatten ein Kontingent zu stellen. Das Bürgerkorps war jedoch in erster Linie für die Bemannung der Stadtmauern und Tore sowie für die Aufrechterhaltung der Ordnung zuständig. Auf dem Schloßberg mussten die Grazer Bürger nur den Uhrturm und die Bürgerbastei besetzen, die so zu ihrem Namen kam.

KERKERLEBEN

Nachdem die Festung ihre militärische Hauptfunktion eher eingebüßt hatte, diente sie hauptsächlich als Gefängnis. Neben den einfachen Sträflingen, die – entgegen der Meinung einiger Historiker – ganz bestimmt auch auf dem Schloßberg eingekerkert waren, mussten hier vor allem adelige Verbrecher und politische Feinde lange Haftstrafen absitzen. Die Doppelfunktion von Schloss und Gefängnis verschaffte dem Festungswerk eine zynische Doppeldeutung, denn man kann sagen, dass es zeitweise beides war, eben ein GEFÄNGNISSCHLOSS.

Prominente Gefangene genossen hier trotz ihrer Haft ein relativ bequemes Leben. Im Mittelalter wurden diese im Bergfried einquartiert und nach Umbau des Schloßberges durften manche sogar im Schlosshauptmannhaus ihr Lager aufschlagen. Wie fälschlich angenommen wurde, wurden die Gefangenen auch

nicht im Keller verwahrt, sondern im Obergeschoss, und sie
bekamen sogar manchmal die Unterkünfte des Festungskommandanten zugewiesen. Hin und wieder diente auch der Glockenturm als Unterkunft.

Freilich war auch die Unterbringung der einfachen Sträflinge
nicht ganz so übel, verglichen mit den Haftbedingungen in
anderen Gefängnissen jener Zeit.

Unter Friedrich III. büßten vor allem Verräter aus dem Hause
Liechtenstein, welche sich dem Ungarn-König Matthias Corvinus angeschlossen hatten, hier ihre Haftstrafe ab. Später, gegen

Darstellung der Oberen Festung mit Glockenturm und „Katz" in einer Nachzeichnung des Schloßbergmodells von Anton Sigl.

Ende des 16. Jahrhunderts, waren es dann protestantische Gefangene, die auf dem Schloßberg eingekerkert wurden.

Eine besonders erwähnenswerte Episode gibt es um den evangelischen Prediger PAULUS ODONTIUS (1570–1605) zu berichten. Dieser aus Meißen stammende Sachse, der eigentlich Peter Paul Zahn hieß, war in der protestantischen Stiftsschule in Graz ausgebildet worden, und trotz eines Erlasses von Erzherzog Ferdinand, der im November 1600 evangelische Predigten in

Graz verbot, und eines Ultimatums zum Verlassen des Landes ging Odontius auf Wunsch der Familie Windischgrätz unbehelligt seiner Arbeit im Schloss Waldstein bei Übelbach, nördlich von Graz, nach. 1602 beschloss Ferdinand ein Exempel zu statuieren. Odontius soll ein Wohltäter gewesen sein und erfreute sich in der Bevölkerung wachsender Beliebtheit. Dies ging überhaupt nicht, schon gar nicht, wo der Ruf der katholischen Kirche in jener Zeit extrem zu wünschen übrig ließ.

Deshalb schickte der Erzherzog den Schloßbergkommandanten Balthasar Böttinger mit fünfzig Soldaten nach Waldstein, um dem eigenwilligen lutherischen Prädikanten das Handwerk zu legen. Früh am Morgen kamen die Männer Böttingers vor Schloss Waldstein an und sprengten kurzerhand das Tor auf. Um zu verhindern, dass die Soldaten ein Blutbad anrichteten, stellte sich Odontius sogleich und wurde nach Graz gebracht, wo man ihn in der sogenannten „Brunnerin" einkerkerte.

Dieses Gefängnisgewölbe, in dem er zehn Wochen festgehalten wurde, befand sich allerdings nicht auf dem Schloßberg, wie lange Zeit angenommen wurde, sondern war Teil der Grazer Stadtburg, wie der Historiker Peter Laukhardt später berichtigen sollte.

Odontius sollte unter Androhung der Marter sich von seinem Glauben abwenden und wurde später zum Tode durch das Schwert verurteilt. Die unbeugsame Haltung des Mannes bewog aber den Erzherzog zur Umwandlung des Urteils in lebenslange Galeerenstrafe. Auf seinem Weg an die Adria konnte sich Odontius mit Hilfe von Sympathisanten befreien und schlug sich bis in seine Heimat Sachsen durch, wo er später eine *Kurtze und warhafftige Historische Erzehlung* über seine Erlebnisse verfassen sollte.

Während des Dreißigjährigen Krieges wurden auch zahlreiche schwedische Offiziere als Kriegsgefangene in der Festung eingekerkert. 1641 fand im Zuge des portugiesischen Unabhängigkeitskrieges Prinz DON EDOARDO VON BRAGANZA den Weg auf den Schloßberg.

Ein weiterer sehr prominenter Häftling war Im Jahre 1719 der schlesische Graf Johann Friedrich von Nimptsch. Einst ein enger Vertrauter des Kaisers, hatte Nimptsch begonnen, gegen den damals sehr einflussreichen Prinzen Eugen von Savoyen zu

Der Bericht des Paulus Odontius über seine Gefängniszeit in Graz, erschienen 1603 in Dresden.

intrigieren. Doch der Versuch, den allmächtigen Feldherren zu diskreditieren, schlug fehl – Nimptsch wurde selbst als Verschwörer angeklagt und musste eine mehrjährige Haftstrafe auf dem Schloßberg absitzen. Da der Graf aber einflussreiche Freunde hatte, ist es ihm zu verdanken, dass die Räumlichkeiten auf der Festung eine Aufwertung durch diverse Umbauten erfuhren. So durfte der adelige Häftling sogar einen Kachelofen einbauen lassen, um seine Haft etwas angenehmer zu gestalten.

S. Leonhard

Der Schloßberg um 1720. Kupferstich von Jeremias Wolff.

DIE LEGENDE VOM BISCHOF AUF DEM SCHLOSSBERG

Eine Geschichte ist den Grazerinnen und Grazern besonders bekannt, nämlich jene um den BISCHOFSSTUHL, welcher auf halbem Wege zwischen Türkenbrunnen und Ägyptischem Tor anzutreffen ist. Am Wegrand befindet sich dort ein seltsam geformter Steinblock, der an die Form eines Stuhles erinnert. Um diesen gibt es eine Legende, die weite Verbreitung genießt und vermutlich jeder Touristenführer einmal zum Besten geben wird.

Fälschlicherweise wird diese Geschichte, die erstmals von Willhelm Freiherr von Kalchberg (1807–1883) in seinem 1856 erschienenen Werk *Der Grazer Schloßberg und seine Umgebung* niedergeschrieben wurde, als „wahr" bezeichnet und diese Annahme hat sich bis heute, mit Ausnahme eines engeren Kreises von Stadthistorikern, hartnäckig gehalten.

Der Überlieferung nach soll von 1756–1796 im Glockenturm ein Bischof eingekerkert gewesen sein, und zwar ein Graf aus dem ungarischen Adelsgeschlecht der Nádasdy. Die genaueren Gründe der Haft und der Name des Häftlings sind nicht bekannt. Als dieser jedoch nach 40 Jahren endlich als Greis entlassen wurde, soll er es beim Verlassen der Festung gerade noch bis zu diesem seltsam geformten Felsen geschafft haben, wo er dann auf diesen niedersank und starb. Deshalb wird die Stelle heute „Bischofsstuhl" genannt.

Bei einer genaueren Untersuchung der Legende fällt aber auf, dass diese so nicht stimmen kann. In den Quellen gibt es keinen Hinweis darauf, dass ein Mitglied der Familie Nádasdy zu dieser Zeit die Bischofswürde besessen hätte. Weiters verrät der Stammbaum des Geschlechts, dass zu dieser Zeit kein Abkömmling zu Tode gekommen ist, und auch in Graz gibt es keinen nachweisbaren Eintrag in ein Sterberegister. Zumindest in den Aufzeichnungen der Gefängnisverwaltung müsste der Tod eines so bedeutenden Häftlings vermerkt worden sein. Gerade zu Zeiten Josephs II., einer Hochblüte der Bürokratie, wurde ohnehin alles akribisch aufgezeichnet, sodass eine solche Unterlassung in diesem Fall fast auszuschließen ist.

Tatsache ist, dass die Steinbank erst viel später dort hingelangte, nämlich 1839 im Zuge der Umgestaltung des Schloßberges durch den Freiherrn von Welden. Die Legende kann also so kaum stimmen und es liegt der Verdacht nahe, dass es sich um eine Verwechslung handeln könnte. Zumindest das Motiv vom eingekerkerten Geistlichen könnte einen wahren Kern haben: GENNADIUS VASICH war ein griechisch-orthodoxer Mönch, der vermutlich aus Konstantinopel stammte und später Vikar von Pakratz war. Ein Intrigenspiel rund um die Neubesetzung des dortigen Bischofs dürfte ihm schließlich eine lebenslange Haftstrafe auf dem Schloßberg eingebracht haben. Vassich selbst ist zwar nie zu Bischofswürden gekommen, war aber ein aussichtsreicher Kandidat für die Nachfolge des verstorbenen Bischofs. Vermutlich kam es im Laufe der Jahre daher zu einer Fehlinterpretation seines tatsächlichen Titels.

Tatsache ist aber, dass der Vikar zu jener genannten Zeit der einzige geistliche Häftling auf dem Schloßberg gewesen ist und die „Bischofsstuhl-Legende" wohl irgendwie mit ihm zusammenhängen muss.

Gelangte erst im Zuge der Umgestaltung durch den Freiherrn von Welden auf den Schloßberg: der Bischofsstuhl.

DIE BELAGERUNG
VON 1809

Wie bereits erwähnt wurde, verlor der Schloßberg immer mehr an militärischer Bedeutung. Mit dem Ende der Türkengefahr zu Beginn des 18. Jahrhunderts bestand keine unmittelbare Bedrohungslage mehr und die Steiermark war, was die neuen Konflikten mit Preußen und Frankreich betraf, weit entfernt von den Kriegsschauplätzen. So kam es, dass Kaiser Joseph II. den Festungsstatus aufhob und der Schloßberg fortan ausschließlich als Gefängnis diente.

Da keine Notwendigkeit mehr bestand, wurden die Festungsanlagen in der Folge auch nicht mehr gepflegt und erneuert, weshalb diese im Laufe der Jahre immer mehr verfielen. Obwohl immer noch ein beeindruckendes Bollwerk, war das militärische Konzept der Festung überaltert. Auffallend ist, dass Graz in all den vergangenen Epochen niemals Schauplatz größerer Kampfhandlungen gewesen war. Zwar gab es immer wieder einmal kleinere Gefechte und wie wir bereits wissen, kamen die Ungarn und Türken der Stadt ein paarmal sehr nahe, doch es kam nie zu einer ernsthaften Belagerung der Festung, welche zu allen Zeiten jedem Feind zu mächtig erschienen war, um sie erfolgreich erobern zu können. Es gab wie erwähnt einige Versuche, den Schloßberg mit List zu nehmen, aber auch diese scheiterten stets.

Die „Verteidigungskraft" der Festung wurde also nie wirklich einer Prüfung unterzogen. Paradoxerweise sollte sich dies mit den NAPOLEONISCHEN KRIEGEN ändern, obwohl der Grazer Schloßberg zu dieser Zeit, im Vergleich zu vorherigen Jahrhunderten, weder von militärischer Bedeutung war noch offiziell den Status einer Festung innehatte.

NAPOLEON BONAPARTE kam erstmals 1797, während seines Italienfeldzuges, nach Graz. Die Stadt wurde ihm kampflos übergeben, der Korse war mit seinen Truppen nur auf dem Durchmarsch. 1805 wurde die Stadt abermals von französischen Truppen besetzt, ohne dass es zu Kampfhandlungen gekommen war. Es ist überliefert, dass sich Bonaparte mehrmals sehr abfällig über die Qualität der Festung äußerte – *Bicoque* („Bruchbude")

Juni 1809: die Festung unter dem Beschuss französischer Artillerie. Aquarell im Steiermärkischen Landesarchiv (Detail).

soll er anlässlich eines kurzen Besuches auf dem Schloßberg
1797 gemeint haben.

Erst 1809, als Habsburg erneut einen Waffengang gegen Napoleon wagte, sollte der Schloßberg seine Feuertaufe bekommen
und das Schicksal der Stadt Graz sich für immer verändern. Im
Folgenden soll dieses Ereignis ausführlicher behandelt werden,
da die Belagerung von 1809 ein ganz zentrales Ereignis in der
Geschichte darstellt und einen dieser berühmten Wendepunkte
markiert. Graz und der Schloßberg sollten danach ihr Gesicht
für immer verändern.

FESTUNGSRUNDGANG

Wie hätte ein Zeitzeuge also den Schloßberg in früheren Zeiten
erlebt? Versetzen wir uns in das Jahr 1809 zurück, aus welchem
uns eine sehr genaue Beschreibung der Festung vom ständischen
Kanonier ANTON SIGL überliefert ist, der 43 Jahre lang auf dem
Schloßberg diente und ein detailreiches Modell der damaligen
Festung anfertigte. Sigl war eigentlich Schuhmacher gewesen

Die Schloßbergfestung im Jahre 1809. Aquarell von Tita de Nobili.

und hatte den Posten bei der Artillerie 1807 zunächst unbesoldet angetreten. 1809 mussten die ständischen Kanoniere auch während der Belagerung auf ihren Posten bleiben, obwohl sie eigentlich keine Soldaten waren, sondern als Feuerwächter die Aufgabe hatten, bei Ausbruch eines Brandes in der Stadt Alarm zu schlagen. Sigl bezog später eine Wohnung im 1819 neu errichten Wachgebäude der Alarmbatterie und fertigte dort das heute im Stadtmuseum befindliche Schloßbergmodell an.

Schlüpfen wir nun in die Rolle des heldenhaften Majors Hackher, der am 18. Mai 1809 als Kommandeur sein Quartier am Schloßberg bezog, und begeben wir uns auf eine Besichtigungsreise.

In der Verkleidung des ehrenwerten Majors reiten wir durch das Graz des Jahres 1809. Zunächst führt unser Weg die alte Sporgasse empor, auf der uns viele Handwerker begegnen. Auch so mancher Trunkenbold torkelt uns entgegen, der vermutlich im Gasthaus „Zur goldenen Pastete" einen über den Durst getrunken hat. Dann kommen wir zum inneren Paulustor etwas unterhalb des Karmeliterplatzes.

Die Wachen des Bürgerkorps erkennen die Rangabzeichen und stehen sofort stramm. Gut so, denken wir uns, und reiten durch den breiten Torbogen. Am oberen Platz angekommen, läuft uns eine Gruppe Nonnen vor die Pferdehufe, die eilig den Weg zurück in ihr Kloster suchen. An jedem Eck des Platzes erblicken wir einen Wachsoldaten, die sogenannte Platzwache. Dann biegen wir nach links ab, reiten durch einen kleinen Torbogen und an ein paar ärmlichen Bürgerhäusern vorbei und schlängeln uns schließlich die breite Festungsstraße hinauf. Diese Toreinfahrt besteht auch heute noch und markiert den Anfang der bereits seit Jahrhunderten unverändert bestehenden Auffahrtsstraße, die bereits im Stich von Peham von 1594 deutlich zu sehen ist. Hierbei fällt uns auf, wie steil und schroff das Gelände zu allen Seiten von uns ist, und als erfahrener Festungskommandant erkennen wir, dass dies einen guten natürlichen Schutz darstellt. An der Stelle, wo die Straße eine scharfe Kurve macht, steht heute das FRANZOSENKREUZ. Diese Gedenkstätte hat ihren Ursprung in den Kämpfen des Jahres 1809. Angeblich soll an dieser Stelle ein aus der Festung geflohener Häftling seine Fesseln gesprengt und zum Dank für seine Freiheit später das Kreuz gestiftet haben. Auch soll am 23. Juni desselben Jahres der Fähnrich Karl König an jener Stelle heimtückisch von den Franzosen erschossen worden sein, obwohl dieser unter dem Schutz der Parlamentärflagge stand. Eine andere Geschichte berichtet, dass die Truppen Napoleons genau bis zu diesem Punkt vordrangen, ehe man sie mühsam zurückschlagen konnte. Zum Andenken an die vielen toten Franzosen, die dort mit Kartätschen niedergemäht wurden, erhielt das Kreuz seinen Namen. Noch Jahre nach der Belagerung soll eine französische Adelige zweimal täglich in Trauerkleidung die Stelle aufgesucht haben, wo ihr einziger Sohn damals sein Leben verloren hatte.

Schließlich, nach etwa fünf Minuten, erreichen wir das obere Festungstor, unser Pferd keucht und schnaubt bereits. Links daneben türmt sich eine kleine Bastion auf, die „Flesche" genannt wurde und als Schutz für das Tor diente. Hier musste der Feind erstmals durch einen Engpass hindurch, wollte er in die Festung gelangen. Oberhalb der Straße sehen wir einen Palisadenzaun, der über die gesamte Ostseite des Berges führt und eine vorgelagerte Verteidigungsstellung darstellt. Die Wachsol-

Erinnert an die Kämpfe von 1809: das Franzosenkreuz. Ansichtskarte, um 1899.

daten salutieren vor uns, doch anders als beim Paulustor müssen wir uns hier zuerst ausweisen, bevor man uns passieren lässt. „Major Franz Xaver Hackher, neuer Festungskommandant", stellen wir uns standesgemäß vor und überreichen unsere schriftlichen Befehle von Erzherzog Johann. Der Wachsoldat wirft einen kurzen Blick darauf und weil er vermutlich nicht besonders gut lesen kann, erkennt er nur das Siegel des Erzherzogs und lässt uns dann durch.

Wir geben unserem Pferd die Sporen und reiten unter dem Torbogen durch. Uns fällt auf, dass dieser sehr schmal ist. Zu jeder Seite bemerken wir kleine Schießscharten in den Mauern, die auf uns zu zielen scheinen. Vor uns tut sich eine kleine Steigung auf, die uns die Sicht nimmt und uns nur erahnen lässt, was dahinter kommt. Alles zusammen ein ausgeklügelter Schutzmechanismus gegen eindringende Feinde. Diese müssen sich durch das enge Festungstor drängen, können im Torbogen von beiden Seiten beschossen werden und schließlich müssen sie noch die kleine Anhöhe überwinden und sind so gezwungen, bergauf anzustürmen, während die Verteidiger den bequemen Vorteil der erhöhten Position genießen. Außerdem könnte man hier eine Kanone in Stellung bringen und mit einer ordentlichen Kartätschenladung dem Feind auf engstem Raum zusetzen. Kein Wunder, dass noch nie jemand die Festung erobert hat, denken wir uns und reiten weiter.

Sofort kommt der imposante Uhrturm in unser Blickfeld. Nun befinden wir uns in der UNTEREN FESTUNG. Links neben uns befindet sich ein kleiner Gebäudekomplex, der an das Festungstorhaus angeschlossen ist und die Räumlichkeiten für das Torwachpersonal sowie die Unterkunft des Vizekommandanten enthält. Mitten auf dem unteren Festungsplatz steht ein viereckiges Gebäude, welches durch Sandwälle gut geschützt ist. Es handelt sich um zwei verbundene Blockhäuser, die als Munitionsdepot genutzt werden. Dort, wo heute das Denkmal für das Grazer Hausregiment steht, befand sich damals die Schmiede. In dieser erblicken wir emsige Handwerker, die unermüdlich irgendwelche Waffen und Gerätschaften anfertigen oder reparieren mussten. Auf der linken Seite blicken wir auf die Basteimauer mit ihren Wehrgängen. Heute kann man an dieser Stelle auf die Stadt blicken, damals war die Sicht versperrt. Auf einer kleinen Säule unter der Brüstung entdecken wir das Hundedenkmal aus dem Mittelalter, von dem wir schon zuvor gelesen haben. Direkt vor uns befindet sich der Uhrturm, der damals nicht so frei stand, wie er es heute tut. Ihm angeschlossen waren die Marketenderei und ein Teil der mittelalterlichen Stadtmauer. Der Grundstein des städtischen Wahrzeichens stammt aus dem 13. Jahrhundert. Beim Neubau der Festung erhielt er seine heutige Form, mit seinem charakteristischen, hölzernen Rundgang, wobei erst der südliche Erker bestand. Die beiden anderen wurden um 1850 dazugebaut. Bis 1805 befand sich im Turm auch ein bekanntes Orgelwerk, das sogenannte STEIRISCHE HORN. Es wurde täglich am Morgen und am Abend gespielt und zeigte die Öffnung bzw. Schließung der Stadttore an. 1569 bewilligten die Landstände den Ankauf eines Uhrwerks, welches dem Turm später seinen Namen geben sollte. Anfänglich nur drei, so besitzt er heute an allen vier Wänden ein gigantisches Ziffernblatt mit 5,2 Metern Durchmesser. Dabei zeigen die großen Zeiger die Stunden an und die kleinen die Minuten. Dies hatte den Sinn, dass die Stundenanzeige damals wesentlich wichtiger war und auch von weitem gut gesehen werden sollte. Im Jahre 1646 soll die Uhr so ungenau gewesen sein, dass man danach kein anderes Zeitwerkzeug richten konnte. Dem musste 1712 der Großuhrenmacher MICHAEL SYLVESTER FUNK abhelfen. 1733 lief diese dann so gut, dass die

Grazer Polizeikommission anordnen ließ, dass fortan alle öffentlichen Uhren nach der Schloßberguhr zu richten sind.

Unterhalb des Uhrturms erblicken wir die BÜRGERBASTEI. Diese
wurde 1552 fertiggestellt. An der östlichen Seite standen damals
noch drei große Kasematten mit einem Wachturm. Diese sollten später durch die Franzosen gesprengt werden. Heute steht
an dieser Stelle das CERRINI-SCHLÖSSL. Sofort fällt unserem
geschulten Auge auf, dass die Bürgerbastei einen entscheiden-
den Nachteil hat. Sie liegt sehr tief und nur wenige Meter oberhalb der ersten Häuser. Von dort könnte also ein Feind mit
Sturmleitern angreifen oder aus den Straßen und Gebäuden die
Besatzung auf der Bastei unter Feuer nehmen. Ein Nachteil,
aber kein sehr großer. Wir reiten weiter die Festung hoch, kommen an einigen Verwaltungsgebäuden vorbei, quälen unser
Pferd die steile Straße entlang der Kurtinenmauer hoch und
erreichen die sogenannte NEUSTADT. Hier leben die Soldaten in
einem großen Mannschaftsgebäude mit ihren Familien. Aus den
Küchen dringt uns der Geruch von Fett entgegen. Wir hören
das Klopfen und Hämmern einiger Handwerker aus ihren
Werkstätten und ein paar Waschweiber laufen uns eilig über
den Weg. Die Straße wird enger und wir reiten weiter. Schon
erblicken wir unsere zukünftige Unterkunft, das große
KOMMANDANTURGEBÄUDE mit dem Lazarett. Immer wieder treffen wir auf Geschützstellungen, wo die Stückmannschaften
gelangweilt dem Karten- oder Würfelspiel nachgehen, weil
sonst nichts zu tun ist. Wir ermahnen diese, gefälligst zu salutieren, wenn ein Offizier vorbeireitet. Dann erreichen wir den
oberen Festungsplatz mit dem großen Zisternenbrunnen in der
Mitte. Direkt vor uns befinden sich das Zeughaus und die Platz-
kaserne, welche gut bewacht werden. Eine Gruppe Soldaten
marschiert unter lautem Trommelwirbel auf dem Platz auf und
ab und wir denken uns: „Gut können's marschieren, unsere
Burschen."

Doch bevor wir die Kommandantur betreten, wollen wir noch
die restliche Festung inspizieren. Wir steigen ab, reichen die
Zügel unseres Pferdes einem Knecht und marschieren entlang
des Lazarettgebäudes zum Kasernenplatz. Dort stehen die
Gebäude dicht an dicht. Als wir an der kleinen KAPELLE ST. THO-
MAS IM WALDE vorbeikommen, bekreuzigen wir uns und werfen

dann einen Blick auf den Glockenturm und denken uns: „Huch, ist der aber hoch."

Vor uns liegt nun die STALLBASTEI. Dort befinden sich die Alarmbatterien, die Kanonenhütte, „Geschützschupfen" genannt, und das ständische Wachgebäude. Den Soldaten auf dem Platz werfen wir einen kurzen militärischen Gruß zu und treten dann an die Brüstung der Mauer, wo wir eine ausgezeichnete Sicht über die Stadt haben.

Wir lassen unseren Blick über die roten Ziegeldächer der Bürgerhäuser und Palais schweifen, denken uns kurz, wie schmucklos das Rathaus doch aussieht (dieses war damals im Gegensatz zu heute noch kein sehr beeindruckender Bau), erblicken auf den Stadtmauern die Wachfeuer und einige Soldaten des Bürgerkorps. Im Süden erstreckt sich uns das weite offene Feld des Grazer Beckens. Die Straße entlang der Mur ist menschenleer. Normalerweise tummeln sich dort immer die Wagen und Karren der Handelsleute, doch wir erinnern uns: Es herrscht ja gerade Krieg und die Stadttore sind geschlossen. Ganz im Süden erkennen wir noch die Kirchtürme von Feldkirchen; im Westen liegt die Murvorstadt. Dort befinden sich die verruchten Viertel von Graz, wo man sich als anständiger Bürger besser nicht blicken lässt. Die Häuser auf der anderen Murseite sind nicht durch die Mauern geschützt und mit der inneren Stadt nur durch eine Holzbrücke verbunden. Auf dem Fluss erblicken wir einen Flößer, der gerade am Lend, jenem Feld im Norden der Vorstadt, anlegt. Vermutlich bringt er Holz in die Stadt.

Wir haben genug gesehen. Kurz überlegen wir noch, ob wir uns auch noch die unterirdischen Stollen ansehen sollen, doch besser nicht, am Ende verirren wir uns dort noch. Reisen wir stattdessen lieber wieder zurück in die Gegenwart, bevor die Franzosen kommen.

Mit dem Jahre 1809 werden wir uns später noch ausführlicher beschäftigen. Major Hackher war mit Sicherheit der berühmteste und bedeutendste Schloßbergkommandant, doch nicht der einzig erwähnenswerte.

In früheren Zeiten wurde die Festung bzw. Burg durch den Burggrafen und seit der Zeit Ottokars II. durch den jeweiligen Landeshauptmann oder einen von diesem Beauftragten verwaltet. Unter den Burgherren finden wir so klingende Namen wie Siegmund von Dietrichstein oder Hans Ulrich von Eggenberg. Es ist nicht verwunderlich, dass die steirischen Herrscherfamilien sich um den Posten auf dem Schloßberg rissen, war dieser doch gut besoldet und stellte ein stattliches Nebeneinkommen für die Adligen dar. 1632 betrug dieses zwar nur 900 Gulden, von denen der Kommandant auch noch Ausrüstung und Verpflegung der Soldaten abziehen musste, aber es war ihm erlaubt, die Schenken und Wirtshäuser auf der Festung zu betreiben, und viele Adelsherren nutzten diese Gelegenheit, um ihre eigenen Güter an die Soldaten wieder weiterzuverkaufen, was bei deren Trinkfreudigkeit wieder für einigen Profit sorgte.

Überhaupt ist zu erwähnen, dass der Schloßberg zu früheren Zeiten keineswegs gänzlich kahl war. Es gab z. B. immer schon einen Weinbau auf diesem. Erst 1809 wurden alle Rebstöcke im Zuge der Befestigung der Anlage entfernt. Später versuchte man den „Schloßberger" wieder zu keltern, doch man konnte sich gegen die Konkurrenz in wirtschaftlicher Hinsicht nicht durchsetzen. Auf der Bürgerbastei ist aber heute noch ein Rebstock erhalten, der von dieser alten Tradition Zeugnis ablegt.

In späteren Zeiten wurde der Posten des Schloßbergkommandanten häufig an verdiente Offiziere und Generäle vergeben, um ihnen ein gutes Auskommen im Alter zu ermöglichen. Ein Spitzname unter Soldaten war deshalb auch „Pensionistenberg".

Keine Festung mehr, aber immer noch beeindruckend: der Schloßberg 1809.

DIE AUSGANGSLAGE IM FRÜHJAHR 1809

Die dramatischen Einzelheiten der Ereignisse von 1809 sind nur den wenigsten Grazerinnen und Grazern bekannt – kein Wunder, denn sie fanden keinen besonderen Nachhall in den Geschichtsbüchern. In diesen wird man, wenn überhaupt, lesen, dass die Belagerung von Graz ein eher unwichtiges Geplänkel fernab der wichtigen Kriegsschauplätze war. Und streng militärisch betrachtet war es das auch.

Wie bereits erwähnt, hatte Graz seine Position als bedeutende Festungsstadt bereits längst eingebüßt, ihr strategischer Wert war gering. Der Krieg wurde andernorts entschieden.

Dennoch müsste die Geschichte umgedeutet werden, denn der Nimbus von der Unbesiegbarkeit der napoleonischen Truppen endete bereits mit ebendieser unbedeutenden Belagerung und die Heldentaten eines MAJOR HACKHER müssten eigentlich im selben Zuge mit jenen eines Andreas Hofer genannt werden. Mancher Historiker wird meinen, dass dies zu viel der Ehre wäre, doch ich erlaube mir, das anders zu sehen, und die Tatsache, dass Napoleon im Friedensvertrag von Schönbrunn extra verankert hatte, dass die Schloßbergfestung zerstört werden muss, wo sie doch eigentlich militärisch so unbedeutend war, zeigt, wie sehr sich der Franzosenkaiser in seinem Stolz verletzt fühlte.

Aber zunächst zurück an den Anfang: Im Februar 1809 beschloss man in Wien, einen erneuten Waffengang gegen Napoleon zu unternehmen. Der Aufstand in Spanien schien das Vorhaben zu begünstigen, waren doch große Teile der *Grande Armée* auf der iberischen Halbinsel gebunden. Da erschien es für den Erfolg vorteilhaft, einen weiteren Kriegsschauplatz zu eröffnen und Napoleon in einen Zweifrontenkrieg zu zwingen. Erzherzog Carl führte dabei die Hauptarmee und marschierte gegen die Rheinbundtruppen; Erzherzog Ferdinand d'Este hingegen trat in Polen gegen den Fürsten Poniatowski an.

Doch uns interessieren in diesem Zusammenhang vor allem die Aktionen der Südarmee unter dem Kommando ERZHERZOG JOHANNS. Dieser befehligte 48.000 Mann, zuzüglich der steirischen Landwehr (25.000 Mann), und marschierte in Italien ein. Der gesamte Feldzug hatte zum Ziel, Napoleon und seine Verbündeten aus den besetzten Gebieten zu vertreiben. Das Unternehmen, welches im Februar erst beschlossen und eiligst bereits im April begonnen wurde, stand von Anfang an unter keinem guten Stern.

Die Vorbereitungszeit war zu kurz gewesen. Vor allem sollten die österreichischen Festungen ausgebaut werden, um das Hinterland und die Nachschubwege zu sichern. Im Zuge dessen sollte auch der Grazer Schloßberg wieder festungsmäßig armiert werden und es kam zu einigen Ausbautätigkeiten, die aber bei Aufnahme der Kampfhandlungen bei weitem noch nicht abgeschlossen waren.

Trotzdem profitierte der Feldzug in Italien zunächst vom Überraschungsmoment und Erzherzog Johann konnte einige Siege für sich verbuchen. Die beiden Korps der Südarmee marschierten am 8. April über den Predil und Pontebba in Venetien ein. Am 11. April kam es dann bei Venzone zum ersten Gefecht mit französischen Truppen, bei dem diese schließlich von den Österreichern hinter den Tagliamento zurückgedrängt wurden. Die Lage für ein weiteres Vordringen Johanns wäre günstig gewesen, doch die Hauptarmee Carls war bei Regensburg in Bedrängnis geraten und so erging der Befehl zum Rückzug.

Daraufhin wendete sich das Blatt. Es folgten verlustreiche Gefechte bei San Daniele, Gemona und Venzone. Erzherzog Johann teilte daraufhin seine Armee und marschierte durch die Alpentäler wieder ins Heimatland, die Franzosen blieben ihm dicht auf den Fersen, wurden allerdings durch die befestigten Talsperren bei Predil und MALBORGHET aufgehalten, und so gelang es, die nötige Zeit zu gewinnen. Es ist hierbei zu erwähnen, dass die Besatzungen der Passsperren sich tapfer wehrten, jedoch von den Franzosen komplett aufgerieben wurden. Auf das Schicksal dieser Verteidiger sollten die französischen Kommandeure später immer wieder hinweisen.

Am 23. Mai erreichte Johann schließlich mit Teilen seiner Armee Graz und verließ die Stadt am 29. wieder. Die Schloßbergfestung unter dem Kommando von Major Hackher hatte nun die Aufgabe, den Rückzug des Erzherzogs zu decken und die Franzosen lange genug in Graz zu binden, bis Johann sich erfolgreich neu formieren konnte. Zwar lautete der Befehl, die Festung bis auf den letzten Mann zu halten, doch entsprach dies keineswegs der militärischen Notwendigkeit. Es ist hierbei auch anzunehmen, dass diese Formulierung eher eine Standardfloskel war und der Erzherzog keineswegs forderte, dass sich die Schloßbergbesatzung tatsächlich für ihn opfern solle. Es bestand lediglich die Absicht, Zeit zu gewinnen. Hackher allerdings sollte die Befehle sehr wörtlich nehmen und den Franzosen erbitterten Widerstand leisten.

DIE SCHLOSSBERGFESTUNG IM JAHRE 1809

Graz war zu dieser Zeit Teil eines innerösterreichischen Festungsrings. Erzherzog Johann hatte bereits im August 1808 den Ausbau veranlasst, verabsäumte es aber, diesen energischer voranzutreiben, sodass zu Kriegsausbruch viele Anlagen unzureichend gerüstet waren. Graz und auch Laibach hatten wie erwähnt lediglich einen militärischen Wert in ihrer Sperrfunktion und in der zeitlich begrenzten Bindung feindlicher Kräfte. Dementsprechend waren auch die Besatzungsstärken beider Anlagen ausgelegt. Graz zählte im Jahre 1809 etwas mehr als 28.000 Einwohner. Zwar war der Festungsstatus der Stadt wie erwähnt 1782 von Kaiser Joseph II. aufgehoben worden, doch sie war nach wie vor ein bedeutendes wirtschaftliches Zentrum und Sitz zahlreicher Verwaltungsorgane.

Als Major Franz Hackher am 18. Mai in Graz eintraf und das Kommando über die Schloßberggarnison übernahm, war die Festung bei weitem noch nicht reif für eine Belagerung. Dem Major standen nur etwa 800 Mann zur Verfügung, die zum großen Teil aus Landwehrregimentern stammten und sehr mangelhaft ausgebildet waren.

Die Befestigungsanlagen auf dem Schloßberg erstreckten sich über den Bergkamm in nordsüdlicher Ausrichtung und hatten eine Gesamtlänge von etwa 460 Metern. Die Breitenausdehnung betrug hingegen nur 70–140 Meter. Dieses Areal galt es also mit nur ein paar hundert Mann zu verteidigen.

Die Festung war in drei Bereiche unterteilt: Untere Festung, Neustadt und Obere Festung. Die einzige Möglichkeit, in diese hineinzukommen, war durch das Festungstor unterhalb des Uhrturms. Von hier führte die befestigte Straße hinauf zu den weiteren Festungsteilen. Die Untere Festung bestand im Wesentlichen aus dem unteren Festungsplatz, der Torbastei inklusive der ihr vorgelagerten Flesche – auch „verlorener Posten" genannt – und der Bürgerbastei.

Wie wir bereits wissen, war die Festung durch eine Straße mit dem Karmeliterplatz unten in der Stadt verbunden. Der Südosthang war die einzige wirklich angreifbare Fläche, da hier das Gelände weniger steil aufstieg als bei den übrigen Hängen. Sieht man sich die Topographie des Berges an, wird schnell klar, dass die Franzosen nur die der Stadt zugewandte Seite angreifen konnten. Alle anderen Seitenhänge waren enorm steil und übersät mit schroffen Felsen, sodass jeder Ansturm von vornherein sinnlos war. Dieser Umstand war auch Major Hackher bekannt, weshalb er besonderen Wert auf die Sicherung des Südosthanges legte. Entlang des gesamten Hanges wurden zusätzliche Verschanzungen angelegt, um den Franzosen einen Ansturm so schwer wie möglich zu machen.

Auch die Bürgerbastei stellte eine Schwachstelle dar, wie wir bereits bei unserem Rundgang erwähnt haben. Da diese von den darunter liegenden Häusern unter Beschuss genommen werden konnte und es an geeigneten Brustwehren fehlte, ließ Hackher hier für provisorische Deckung sorgen.

Die Neustadt bestand im Wesentlichen aus der LAMPELBATTERIE, welche entlang der Festungsmauer verlief und den gesamten Südosthang bestreichen konnte. Am unteren und oberen Ende der Neustadt befand sich jeweils ein weiteres Festungstor. Der Feind sollte gezwungen werden, sich bei einem Eindringen verlustreich den ganzen Berg hochkämpfen zu müssen.

Die Obere Festung bestand zunächst aus einem großen Festungsplatz. Im Osten befand sich der *Vordere Zwinger*, ein Mauervorsprung, der mit Batteriestellungen bestückt war. Der Nordwesten war durch den *Hinteren Zwinger* abgesichert, wo sich die sogenannte Glöckchen-Batterie befand. Die Stall- und die Fernbergerbastei decken den Westen und den Süden ab.

Am 9. Mai begann man laut Weisung mit den Instandsetzungsarbeiten. Dafür wurden 300 Lohnarbeiter eingesetzt sowie 25 Häftlinge aus der Festung, die man nicht rechtzeitig abtransportieren hatte können, und eine unbekannte Anzahl von Freiwilligen. Es wurde rund um die Uhr gearbeitet und am 29. Mai, erst im letzten Augenblick, konnten die Arbeiten beendet werden.

Es wurden zunächst die ESKARPEMAUERN, jene abgeschrägten Stützmauern der Basteien, ausgebessert, Traversen und Plattformen errichtet sowie Bettungen für die Geschütze angelegt. Besonders schwierig war es dabei, genügend Erdreich aufzutreiben, um die Erdwälle aufzuhäufen. Da der Schloßberg viel zu felsig war, musste das Material aufwändig mit Ochsengespannen herangekarrt werden, was sehr viel Zeit in Anspruch nahm. Die Blockhäuser und Munitionsdepots sollten zudem mit ausreichend Sand und Erde bedeckt werden, um diese bombensicher zu machen, was jedoch aufgrund des Materialmangels nicht gänzlich gelang.

Die Arbeiten an der Festung konzentrierten sich vor allem auf den Südosthang. Hier wurde nicht nur die bereits erwähnte FLESCHE vor dem Festungstor angelegt, sondern auch ein Netz aus Palisaden und Wällen der Festungsmauer vorgelagert.

Besonders wichtig war es auch, die geheimen Zugänge, von denen wir bereits gelesen haben, zu verschließen. Wären die unterirdischen Zugangstunnel den Franzosen in die Hände gefallen, wäre die Festung unhaltbar gewesen. Vor allem der „gedeckte Gang" vom Palais Saurau aus wurde verrammelt und gesichert.

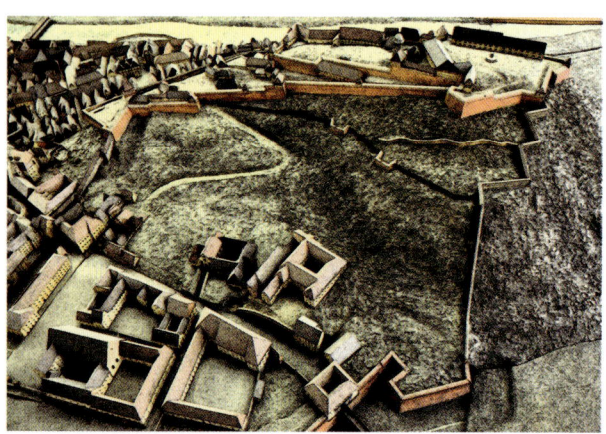

Der Südosthang mit Palisaden und Festungsstraße.

BESATZUNG UND BEWAFFNUNG DER
SCHLOSSBERGGARNISON

Weder Mannschaftsstärke noch Bewaffnung waren für eine Verteidigung ausreichend.

Neben den Ingenieursoffizieren Hackher, Cerrini, Mayer und Rüstel bestand die Besatzung aus Offizieren und Mannschaften des Sappeurkorps, Mineurkorps und der Artillerie. Weiters kamen noch Depot- und Reservekompanien der Infanterieregimenter Lusignan Nr. 16, Strassoldo Nr. 27, De Vaux Nr. 45 und des 3. Grazer Landwehrbataillons hinzu.

Vor dem Eintreffen Erzherzog Johanns bestand die Garnison aus 19 Offizieren und 797 Mann zuzüglich des medizinischen Personals. Allerdings standen bei weitem nicht alle Männer für die Feindabwehr zur Verfügung. Abzüglich der Kranken mussten diese für diverse Festungsdienste herangezogen werden, sodass effektiv nur etwa 250 Mann für den Kampfeinsatz übrig blieben. Aufgrund dieses Personalmangels wurden die äußeren Werke, die der eigentlichen Festungsmauer vorgelagert waren, erst gar nicht besetzt. Zunächst war auch ein Austausch der unerfahrenen Truppenteile vorgesehen gewesen, dem Erzherzog Johann dann allerdings nicht mehr zustimmte.

So blieben Major Hackher nach dem Abzug Johanns 17 Offiziere und 896 Mann, wobei der Feuerwehrstand, also die Anzahl der tatsächlich im Gefecht einsetzbaren Soldaten, nun auf 663 erhöht werden konnte.

Schlimmer sah es bei der Artillerie aus. Hier standen pro Geschütz nur 4–5 Hilfskräfte zur Verfügung. Diese waren aber ausschließlich für das Ausrichten der Kanonen zuständig; für den eigentlichen Feuervorgang blieben nur zwei Kanoniere je Rohr übrig.

Im Vergleich dazu hatten die Franzosen eine Stückmannschaft von 15 Mann vorzuweisen und es verstand sich von selbst, dass sie die höhere Feuerrate erzielten. In Relation zur großen Ausdehnung der Festung war die Mannschaftsstärke der Besatzung auf jeden Fall unzureichend. Einziger Vorteil war, dass man sich im Wesentlichen nur auf den Südosthang konzentrieren musste. Weiters war auch die Bewaffnung spärlich. Für die Artillerie standen vier Zwölfpfünder, sechs Sechspfünder, vier Dreipfünder, vier Siebenpfünder-Haubitzen und vier alte ständische Alarmkanonen zur Verfügung. Letztere waren für den Gefechtseinsatz eigentlich unbrauchbar.

Es handelte sich hierbei ausschließlich um Feldgeschütze und nicht um Festungsgeschütze, die wesentlich durchschlagskräftiger gewesen wären. Allerdings hatten Erstere den Vorteil, dass sie beweglich waren und immer dorthin transportiert werden konnten, wo man sie gerade am meisten brauchte. Dies sollte sich im weiteren Verlauf der Belagerung als sehr vorteilhaft erweisen, als es nämlich galt, einen Sturmangriff der Franzosen abzuwehren, und eiligst Geschütze herangeschafft werden mussten, um gezieltes Kartätschenfeuer einsetzen zu können.

Die Schloßbergartillerie hatte eine effektive Reichweite von etwa 800 Metern, was aber für das Abdecken des Glacis und des Grazer Vorfeldes völlig ausreichte. Als Infanteriebewaffnung standen überhaupt nur 288 Infanteriegewehre, ein Dutzend Doppelhaken, zwei Dutzend Windbüchsen, 39 Jägergewehre und 12 Jägerstutzen zur Verfügung.

Die Verpflegung war für 30 Tage berechnet worden und war von schlechter Qualität. Leider sollte sich später herausstellen, dass man die Menge der Rationen falsch eingeschätzt hatte, was dann während der Belagerung auch zu einer Verknappung der Lebensmittel führte. Alle diese ungünstigen Faktoren waren natürlich jedem Soldaten bewusst und dementsprechend schlecht war es um die Moral bestellt.

Als Hackher in Graz eintraf, fand er zunächst einen unmotivierten, faulen Haufen vor, der es vorzog, sich die Zeit mit Spiel und Trank zu vertreiben. Vor allem die Landwehrregimenter, welche aus gerade erst rekrutierten Bauern und Handwerkern bestanden und schlecht ausgebildet waren, wiesen beinahe überhaupt keine Disziplin auf. Die Mehrheit der Männer ging vermutlich davon aus, dass eine Verteidigung ohnehin chancenlos sein und ihr Festungskommandant bei Ankunft der Franzosen kapitulieren werde, so wie es auch bei den Festungen Laibach und Marburg der Fall gewesen war. Doch in Hackher sollten sich die Männer täuschen.

In Anbetracht der schlechten Ausgangslage kann die Rolle des 44-jährigen Majors in diesem Konflikt gar nicht hoch genug geschätzt werden. Er führte sofort ein strenges Regiment ein, ließ die Männer pausenlos arbeiten und exerzieren und formte in nur wenigen Tagen eine mehr oder weniger schlagkräftige Truppe, die nun zumindest so viel Selbstvertrauen gewonnen hatte, dass man sich reale Chancen ausrechnete, die Festung ein paar Tage halten zu können.

MAJOR FRANZ XAVER HACKHER

Wer war dieser Mann, welcher den Franzosen schließlich einen ganzen Monat lang trotzen sollte und die *Grande Armee* vorführte wie ein blutjunges Kadettenkorps?

Viel ist nicht bekannt. Nicht einmal ein Bildnis ist uns überliefert geblieben. Aus diesem Grund wurde ihm zu Ehren auch keine Statue seiner Person, sondern ein eiserner Löwe auf dem Schloßbergplateau errichtet. Der sogenannte HACKHER-LÖWE ist noch heute am nördlichen Ende des Weldenplatzes zu bewundern und erinnert an die Heldentaten von damals.

Was wir aber über den guten Major wissen, ist, dass er am 13. November 1764 in Wien geboren wurde. Er entstammte einem alten niederösterreichischen Reichsrittergeschlecht. 1781 trat er in die Wiener Ingenieursakademie ein und wurde 1786 als Kadett in das Ingenieurskorps übernommen. Ein Jahr später wurde er bereits zum Unterleutnant befördert und nahm am letzten Türkenfeldzug (1788–1791) teil, welcher von Joseph II. begonnen wurde und wohl eines der ruhmlosesten Kapitel österreichischer Militärgeschichte darstellt: Die österreichische Armee schaffte es, ohne Feindberührung aufgrund von Missverständnissen, die zu gegenseitigem Beschuss führten, sich selbst zu vernichten.

Am Ende wurde Hackher jedoch zum Oberleutnant befördert. 1797 folgt dann die Beförderung zum Kapitänsleutnant und 1801 die Ernennung zum Hauptmann. Als Offizier des Ingenieurskorps nahm er an den Koalitionskriegen gegen Frankreich teil. Erste Sporen verdiente er sich 1793 und 1794 bei der Belagerung und späteren Verteidigung von Valenciennes und Mantua im Jahre 1796, wo er sogar einen Ausfall anführte. Weitere erfolgreiche Einsätze verzeichnete er bei der Belagerung von Cuneo (1799) und Ulm (1805).

Erinnert an Major Franz Xaver Hackher: der „Hackher-Löwe" am Weldenplatz.

Die Beförderung zum Major erfolgte im Jahre 1808. Im darauf folgenden Jahr war er zunächst für den Ausbau der Befestigungen bei Altenmarkt zuständig, bis er nach Graz abkommandiert wurde und vom 18. Mai bis 23. Juli die Verteidigung des Schloßberges organisierte.

Dafür wurde er bereits am 31. Juli 1809 per kaiserlichem Handschreiben mit dem Ritterkreuz des Militär-Maria-Theresien-Ordens ausgezeichnet und am 9. April 1812 in den Freiherrenstand erhoben. Es folgte eine Beförderung zum Oberstleutnant im Jahre 1813 und eine Abkommandierung zur Nordarmee unter dem Kronprinzen Karl von Schweden. Dafür erhielt er später das Ritterkreuz des königlich schwedischen Schwertordens.

Es folgten weitere verdienstvolle Jahre, wo er sich hauptsächlich um den Ausbau von Festungsanlagen kümmerte und 1820 sogar den Posten des Fortifikations-Distrikts-Direktors in Mähren und Schlesien übernahm. 1826 trat er schließlich in den Ruhestand ein und starb am 2. September 1837 in Wien.

So die nüchternen Fakten, die sich leicht aus den militärischen Aufzeichnungen rekonstruieren lassen. Das Wesen und die Person Hackhers bleiben uns jedoch zunächst verschlossen. Nur anhand der Aufzeichnungen und Tagebuchberichte einiger Mitstreiter auf dem Schloßberg lässt sich ableiten, was für ein Mensch der Major gewesen sein muss.

Hackher wird dabei oft als übermäßig streng, herrisch und vor allem als stur bezeichnet. Zunächst machte er sich wenig Freunde unter seinen Untergebenen und aufgrund seiner Art der Kommandoführung kam es sogar zu einer offenen Auseinandersetzung mit seinen Offizieren, die beinahe gemeutert hätten. Doch Hackher war auch listig und sehr intelligent. So gelang es ihm durch geschicktes Verhandeln, den Franzosen mehrmals einen für ihn vorteilhaften Vertragsabschluss abzuringen. So war ihm z. B. von Anfang an klar, dass der Franzose nur von der Stadtseite her, also über den Südosthang, angreifen konnte. Um dem zuvorzukommen, schloss er mit dem Feind einen Vertrag, wonach die Stadt friedlich in die Hände der Franzosen fallen sollte und im Gegenzug diese sich verpflichteten, nicht von Seiten der Stadt her Kampfhandlungen zu beginnen. Erst später merkten die französischen Kommandeure, welchen taktischen Fehler sie begangen hatten.

Hackher soll aber auch sehr selbstkritisch gewesen sein und sich bei jedem Verlust selbst Vorwürfe gemacht haben. Vor allem als später sein engster Vertrauter und Stellvertreter Hauptmann Cerrini, von dem wir noch lesen werden, schwer erkrankte, soll Hackher beinahe alles aufgegeben haben, nur um den Freund einer besseren Behandlung zuführen zu können. Auf jeden Fall muss der Festungskommandant eine Eigenschaft besessen haben, nämlich Selbstvertrauen und die Fähigkeit, seine Männer zu motivieren.

Völlig außer Streit ist die Tatsache, dass Hackher der entscheidende Faktor war, weshalb die Schloßbergfestung so lange durchhalten konnte. Er ließ nach außen hin nie auch nur einen Funken Zweifel an seiner Sache aufkommen und verstand es, seine Männer immer wieder aufs Neue zu motivieren und auf die Verteidigung einzuschwören.

Schließlich sollten diese ihn als einen Helden feiernd durch die Stadt führen, obwohl er sie so streng geschunden hatte.

DIE FRANZOSEN VOR GRAZ

Nachdem Erzherzog Johann die steirische Landeshauptstadt mit seinen Truppen wieder verlassen hatte, war die Schloßbergbesatzung auf sich alleine gestellt und jeder war in Erwartung der bald eintreffenden französischen Truppen.

Diese waren am 28. Mai unter General Emmanuel de Grouchy (1766–1847), der die Vorhut kommandierte, aus Marburg abmarschiert. Die österreichischen Vorposten wurden während des Vorstoßes der feindlichen Truppen bis nach Graz zurückgeworfen.

In der Stadt stieg die Anspannung merklich. Ein Ausgangsverbot war erlassen worden, jegliches öffentliches Leben kam zum Stillstand. Wer die Möglichkeit dazu hatte, verließ Graz, was vor allem ein Großteil des Adels tat. Die einfachen Bürger bereiteten sich ihrerseits auf eine Belagerung vor. Türen und Fenster wurden vernagelt, Vorräte in sichere Verstecke gebracht, damit die Franzosen nicht gleich alles konfiszieren konnten.

Frauen und Kindern riet man, die Häuser nicht mehr zu verlassen, um nicht dem Risiko einer Vergewaltigung durch marodierende Soldaten ausgesetzt zu sein. Schreckliche Schauergeschichten machten unter den Bewohnern die Runde, wobei gerade das Schicksal der Besatzungen von Predil und Malborghet den Grazern einen kalten Schauer über den Rücken laufen ließ. Obwohl eine Belagerung natürlich nie angenehm und durchaus gefährlich ist, waren aber viele der Vorstellungen der braven Bürger übertrieben.

In jener Zeit galt ein besonders strikter militärischer Codex, der vor allem eine ehrenvolle Behandlung des Feindes vorsah. Eine Abweichung von diesen Anstandsregeln des Krieges kam zwar immer wieder vor, doch jeder Offizier und jeder Feldherr war sehr bemüht, diese zu verhindern und zu ahnden, da in jedem Fall sein Ansehen als ehrenvoller Kämpfer gefährdet war, und Ansehen war zu jener Zeit beinahe wichtiger als das eigene Leben, zumindest unter Offizieren.

Bereits aus den Besatzungsjahren 1797 und 1805 ist uns überliefert, dass es vereinzelt zu Übergriffen französischer Soldaten auf die Bevölkerung gekommen war, diese wurden aber schwer von den Kommandeuren bestraft. Zwei französische Infanteristen wurden damals sogar von ihrem eigenen Befehlshaber zum Tode durch Erschießen verurteilt, weil sie sich nachts an der ehrbaren Frau eines angesehenen Bürgers vergangen hatten. Generell waren solche Ausschreitungen aber die Ausnahme, was aber nicht heißt, dass die Franzosen nicht dennoch rücksichtslos vorgingen, wenn es darum ging, Verpflegung und Ausrüstung von der Bevölkerung zu requirieren.

Am 30. Mai schwärmten bereits die ersten französischen Reiter im Grazer Feld aus. Im Laufe des Tages konnte man auf dem rechten Murufer bei Feldkirchen den Anmarsch der DIVISION GROUCHY ausmachen. Um die Mittagszeit traf diese Einheit in Graz ein und besetzte zunächst die Murvorstadt, die heutigen Stadtbezirke Gries und Lend.

Die Brücken über die Mur waren abgetragen worden und so musste der französische General feststellen, dass er zunächst in einer ungünstigen Position war. Er saß auf der falschen Seite des Flusses fest.

Die Hauptarmee würde jedoch in wenigen Tagen folgen und Grouchy musste bis dahin die Stadt unter seiner Kontrolle haben. Andernfalls liefen die Franzosen Gefahr, sich dem Beschuss durch die Schloßbergfestung auszusetzen, und an einer verlustreichen Belagerung, die sowohl den Franzosen als auch den Verteidigern und vor allem der Stadt selbst erhebliche Verluste gebracht hätte, waren diese zunächst nicht interessiert. Graz war nur als Versorgungsposten von Bedeutung.

Grouchy schickte also einen Unterhändler über die Mur, um die kampflose Übergabe der Stadt zu fordern. Hackher erkannte das Dilemma der Franzosen und ließ sich deshalb Zeit. Der Parlamentär wurde mit einem Floß über den Fluss geschifft und mit verbundenen Augen auf den Schloßberg gebracht. Ironischerweise handelte es sich um einen französischen Offizier, der bereits 1805 in der Stadt gewesen war und diese ohnehin gut kannte, weshalb er zunächst nicht verstand, warum man ihm die Augen verbinden musste. Nachdem sich der Offizier auch noch nach dem Kommandanten des Bürgerkorps, Hauptmann Dobler, erkundigt hatte, den er gut kannte, wurde ihm schließlich die Binde wieder von den Augen genommen, da man einen so artigen Feind auch angemessen begrüßen wollte. Die Benimmregeln des Krieges eben.

Der Marsch des Parlamentärs durch die Stadt wurde argwöhnisch von den Bürgern aus den Häuserfenstern beobachtet; sie fragten sich, was der Stadt nun bevorstehen würde.

Am Festungstor wurde der Franzose dann von Hauptmann Cerrini begrüßt, der als einziger Offizier auf dem Schloßberg des Französischen mächtig war. Cerrini führte ihn zu Major Hackher, der Unterhändler übergab die schriftliche Aufforderung General Grouchys, in der dieser forderte, Stadt und Festung kampflos zu übergeben, da er ansonsten gezwungen sei, die *interessante Stadt* mit Haubitzengranaten zu beschießen. Der Brief wies zur Verdeutlichung dieser Drohung auf das Schicksal der Festungen Predil, Malborghet und Laibach hin.

Um weitere Zeit zu gewinnen, gab man vor, dass nur ein Kriegsrat darüber entscheiden könne und der Parlamentär sich gedulden müsse. Hauptmann Cerrini hatte dabei, wie bei allen folgenden Verhandlungen auch, die Aufgabe übernommen zu übersetzen, wobei er Anweisung von Hackher hatte, durchaus umständliche Gespräche zu führen, um den Franzosen hinzuhalten.

Als der Parlamentär mit reichlich Fantasie einen Sturm auf die Festung auf das Schrecklichste beschrieb, konterte Cerrini, dass die Besatzung bestens vorbereitet sei und sich nur wünschen könne, von den so tapferen Franzmännern mit einigen Stürmen beehrt zu werden.

Als die Geduld des französischen Offiziers erschöpft war, übergab Hackher schließlich seine Antwort. Er bot Grouchy die kampflose Übergabe der Stadt an, um diese zu schonen, welche

Will sich von Major Hackher nicht länger hinhalten lassen: General Emmanuel de Grouchy. Xylografie nach einem Stich von Charon.

er am 31. Mai um fünf Uhr früh übergeben wolle, allerdings nur unter der Bedingung, dass die Franzosen keine Kampfhandlungen von Seiten der Stadt gegen den Schloßberg unternehmen würden. Die Festung selbst würde er jedoch besetzt halten, da seine Befehle keine Alternative zulassen würden.

Grouchy war inzwischen des Wartens überdrüssig geworden und ließ eine Haubitze in Stellung bringen. Es war für ihn von besonderer Bedeutung, die Stadt, noch bevor die dienstälteren Generäle mit ihren Divisionen ankamen, eingenommen zu haben. Napoleon führte genauestens Buch über die Leistungen seiner Kommandeure, was dazu führte, dass ein starker Konkurrenzdruck unter den Offizieren bestand. Niemand wollte dem anderen einen militärischen Erfolg gönnen. So dachte auch Grouchy nicht im Traum daran, die Einnahme der Stadt einem anderen zu überlassen.

Außerdem war seine eigene Division ausgezehrt und brauchte frische Verpflegung. Ein Merkmal der französischen Taktik war es, immer so wenig Proviant wie möglich mitzuführen, um das Marschtempo zu erhöhen. Lebensmittel und auch alles andere, was benötigt wurde, konfiszierte man immer vor Ort. Einige seiner Männer konnten ihren Hunger nicht mehr länger ertragen und so begannen sie, in der Murvorstadt Lebensmittel zu besorgen, und mähten mit ihren Säbeln die Wiesen am Lend nieder, damit auch ihre Pferde mit frischem Gras versorgt werden konnten.

Um 1 Uhr nachmittags bekam Hackher eine erneute Aufforderung von Grouchy, der diesmal einen schärferen Ton anschlug. Erneut ließ daraufhin der Schloßbergkommandant einen Kriegsrat einberufen und es wurde erörtert, ob man nicht schon genug Zeitgewinn für den Erzherzog erzielen konnte. Weiters hatte der Parlamentär gefordert, dass alle Verhandlungen in Zukunft nur in französischer Sprache stattzufinden hätten. Hackher ließ es sich aber nicht nehmen, seine Antworten weiterhin auf Deutsch zu verfassen, wobei er extra klein und kritzelig schrieb, damit die Franzosen ja lange genug brauchen würden, um die Texte ihrerseits übersetzen zu lassen – ein Detail, das gut das listenreiche Vorgehen des Majors illustriert. Tatsächlich sind seine handschriftlichen Korrespondenzen mit den Franzosen im steirischen Landesarchiv heute noch erhalten und bei Gott wirklich nicht leserlich geschrieben.

Hackher antwortete abermals, dass er die Stadt zu den bereits genannten Bedingungen übergeben würde, nur den Schloßberg wolle er weiter besetzt halten. Die Landesverwaltung, Polizeiaufgaben, Militärspitäler und alle sonstigen Verwaltungsangelegenheiten wolle er Grouchy überlassen.

Grouchy, dem ja bereits die Zeit davonlief, stimmte hocherfreut zu. So konnte er die Einnahme der Stadt seinem Kaiser vermelden, mit der Belagerung der Schloßbergfestung sollten sich dann andere herumschlagen. Grouchy unterzeichnete den Vertrag samt seiner Bedingungen.

Inzwischen war das Hauptheer unter DIVISIONSGENERAL JACQUES MACDONALD eingetroffen. Dieser war ob der vorschnellen Zustimmung Grouchys zu den Bedingungen Hackhers nicht sonderlich erfreut.

Um 15.30 Uhr gab das Läuten der „Liesl" das Signal, dass sich alle Truppen Hackhers, welche zuvor noch Tore und Mauern besetzt hielten, in die Festung zurückzuziehen hatten.

Der Major meldete die Kapitulation an den Gubernial-Vizepräsidenten Baron von Hingenau und an Erzherzog Johann.

Trotzdem brauchten die Franzosen noch gut zwei Stunden, bevor sie in die Stadt einmarschieren konnten. Zunächst mussten die Brücken über die Mur wieder gangbar gemacht werden, wofür man zunächst Bretter und Balken auftreiben musste.

In der Stadt wurde General Macdonald schließlich von einer Deputation der Stadt empfangen, die sich für die Schonung derselben herzlich bedankte und den Schlüssel von Graz übergab.

Etwa um 6 Uhr abends erfolgte das Übersetzen der französischen Truppen, was etwas mehr als zwei Stunden Zeit in Anspruch nahm.

Macdonald befehligte eine kleine Armee, bestehend aus den Infanteriedivisionen Broussier und Lamarque sowie der Dragonerdivision Pully, insgesamt ca. 10.000 Mann.

General Broussier zog mit seiner Division in die Stadt ein, während die beiden anderen Einheiten in der Murvorstadt verblieben. Sofort begann das Requirieren von Lebensmitteln, Verpflegungsmaterialien und diversen Ausrüstungsgegenständen. Vor allem Brot, Textilien und Schlachtvieh wurden in rauen Mengen eingezogen. Die Forderungen der Franzosen belasteten die Gewerbetreibenden so stark, dass diese an den Rand des Ruins gebracht wurden. Trotz der erpresserischen Methoden der Franzosen kam es zunächst zu keinen Übergriffen auf die Bevölkerung und Macdonald sorgte gewissenhaft für die Einhaltung der öffentlichen Ordnung.

Zumindest die Wirtshäuser profitierten recht bald von der Besatzungsmacht und erzielten teilweise Rekordumsätze, denn es war den Soldaten befohlen worden, anständig zu bezahlen. So mancher Zeitzeuge berichtet, dass es in den ersten Tagen der

Kommandiert das französische Hauptheer: Divisionsgeneral Jacques Macdonald.

Besatzung ziemlich ausgelassen zuging und die Franzosen sich bald sehr *wohl* und *heimelig* in der Stadt fühlten.

Auch kam es recht schnell zu einer gewissen Anfreundung zwischen den Soldaten Napoleons und den Männern vom Grazer Bürgerkorps, die gemeinsam die Wachaufsicht in der Stadt zu verrichten hatten. Die sorglose Besetzung der Stadt und die Repressalien gegen die Bürger führten zu einer ziemlich gedrückten Stimmung unter der Bevölkerung. Landauf, landab war man über die Schmach der Besetzung sehr betroffen und fühlte sich angesichts der französischen Übermacht, die sich einfach nicht besiegen lassen wollte, richtig niedergeschlagen. Die Moral im ganzen Land litt enorm und man fühlte sich den Franzosen unterlegen. In dieser Lage war es von besonderer

Bedeutung, dass die Schloßbergfestung noch fest in österreichischer Hand war und somit eine starke Symbolwirkung hatte. Das trotzige Ausharren Hackhers und seiner Männer sollte im Verlauf der Geschichte die Bevölkerung zum Durchhalten anspornen und war immens wichtig für die Moral der Menschen. So wurde der gute Major überall im Steirerland der Held jeder Stammtischrunde.

Mit der Belagerung des Schloßberges wurde GENERAL JEAN-BAPTISTE BROUSSIER betraut, welcher sein Quartier im Königsbrunnischen Haus in der heutigen Hans-Sachs-Gasse 5 bezog. Seine Division bestand insgesamt aus etwa 3500 Mann, welche nun begannen, den Schloßberg zu umstellen. Insgesamt standen Broussier 10 Infanteriebataillone, 4 Reiterschwadronen und 12 Artilleriebatterien zur Verfügung.

EXKURS: BELAGERUNGSTAKTIK

Die Tatsache, dass Broussiers Division als Belagerungskorps bestimmt wurde, deuten viele Militärhistoriker als Zeichen dafür, dass es den Franzosen eigentlich nicht sehr ernst mit der Eroberung der Schloßbergfestung war. Zum einen war die Division Broussier durch die Kämpfe in Italien sehr geschwächt und zählte nur mehr die Hälfte der Sollstärke, welche bei französischen Infanteriedivisionen 8400 Mann betrug. Es wurde also die schwächste Division abkommandiert, während man die anderen Einheiten für den weiteren Vormarsch benötigte.

Nach den damaligen militärischen Auffassungen war eine 10-fache Überlegenheit notwendig, um eine Festung vom Kaliber des Schloßberges einnehmen zu können. Broussier standen also nicht genug Soldaten zur Verfügung, um die Belagerung effektiv durchführen zu können. Vielmehr kann man davon ausgehen, dass es den Franzosen nur darum ging, Hackher und seine Männer einfach so lange zu blockieren und zu beschäftigen, bis diese kapitulieren würden. Broussier spricht in seinen Tagebuchaufzeichnungen auch nur von Scheinangriffen, welche er durchführen ließ.

Weiters war die französische Artillerie weder für eine Eroberung noch für eine Belagerung ausgelegt. Weder waren die Kaliber der Kanonen groß genug, um die Mauern ernsthaft beschädigen zu können, noch waren diese für den Beschuss der Festung geeignet. Da nur Feldlafetten zur Verfügung standen, konnten die Franzosen zunächst die Rohre nicht im richtigen Winkel ausrichten, sodass sie entweder in den Felsen schossen, oder weit über die Festung hinweg. Überhaupt waren 12 Geschütze viel zu wenig, um die Mannschaft auf dem Schloßberg ernsthaft beunruhigen zu können. Die größte Gefahr stellten die Österreicher selbst dar. Da ein Großteil von Hackhers Mannschaft völlig unerfahren war, bestand immer das Risiko, dass die Männer beim Anrücken der Franzosen die Nerven verlieren würden. Hackher musste also vor allem die Disziplin aufrechterhalten. Nachdem er erkannt hatte, dass seine Schützen, vor allem jene aus dem Landwehrregiment, einfach planlos umherschossen, sobald sich ein Franzose näherte, ließ er schließlich die Gewehre einsammeln und seine Männer mit Steinen werfen. Dies mag brachial wirken, hatte aber größeren Effekt. So konnte er nicht nur Munition sparen, sondern die Franzosen auch effektiver zurückschlagen, da sich die hinuntergeworfenen Gesteinsbrocken zu richtigen Gerölllawinen entwickelten.

Broussier war über diese ehrlose Kampfweise sehr erzürnt und versteifte sich vermutlich deshalb immer mehr in das Vorhaben, den Berg zu besetzen, obwohl ihm dazu eigentlich die nötigen Mittel fehlten.

In der Nachbetrachtung durch die Zeitgenossen wurde die Belagerung von Graz von den Franzosen bagatellisiert und von den Österreichern heroisiert. ■

HACKHERS GEGENSPIELER: GENERAL JEAN-BAPTISTE BROUSSIER

Der Divisionsgeneral wurde am 10. März 1766 in Ville-sur-Saulx im Department Meuse in Frankreich geboren. Dem Wunsch seiner Familie zufolge sollte er eigentlich Theologe werden, doch die Revolution kam dazwischen und es eröffnete sich ein anderer Karriereweg.

Am 6. September 1791 wurde er zum Hauptmann des 3. Bataillons der *Volontaires de la Meuse* gewählt und nahm als solcher ein Jahr später bei den Kämpfen von Wawern teil.

Weiters zeichnete er sich bei der Schlacht von Amberg (1796) und den Gefechten bei Chiusa (1796) und Stupizza (1797) während des Italienfeldzuges aus. Napoleon selbst ernannte ihn für seine Verdienste noch auf dem Schlachtfeld zum Obristen. Es ist verbürgt, dass Broussier und Bonaparte nicht nur gemeinsam gedient hatten, sondern sich auch persönlich gut kannten. In der Schlacht bei den Caudinischen Pässen (1799) sollte Broussier ein militärisches Meisterstück gelingen, indem er die neapolitanische Armee in einen Hinterhalt lockte und diese, obwohl er in der Unterzahl war, komplett aufrieb. Das brachte ihm die Beförderung zum Brigadegeneral ein. Es folgten weitere Siege im Krieg gegen das Königreich Neapel. 1801–1803 war Broussier Militärgouverneur von Mailand, Parma und Piacenza. 1804 erfolgte die Abkommandierung nach Paris als Befehlshaber und ein Jahr später die Ernennung zum Divisionsgeneral. 1809 kämpfte er zunächst in Italien in der Armee des Vizekönigs und war schließlich von 1. Juni bis 1. Juli für die vergebliche Belagerung von Graz verantwortlich.

In den folgenden Jahren sollte es für den General bergab gehen. 1812 focht er für Napoleon auf dem katastrophalen Russlandfeldzug und starb schließlich zwei Jahre später durch Krankheit geschwächt in Bar-le-Duc, kurz nach seiner Rückkehr.

Broussier war im Gegensatz zu Hackher ein sehr eitler und siegesverwöhnter französischer Offizier. Zwar zeichnete er sich durch ein sehr ehrenvolles Verhalten im Kampf aus, fühlte sich aber durch Hackhers Kapitulationsverweigerung zunehmend provoziert und in seiner soldatischen Ehre verletzt, sodass er sich zu mehreren kopflosen Aktionen hinreißen ließ, die sein Ansehen nachhaltig beschädigen sollten.

Außerdem neigte er während der Belagerung zur Paranoia, sodass er ständig einen Aufstand der Grazer Bürgerschaft fürchtete und aus Angst vor Attentaten selten sein Hauptquartier verließ.

DIE ZERNIERUNG

Am 1. Juni zog zuerst Grouchy mit seiner Division ab und wenige Tage später auch Macdonald. Somit war Broussier nun alleiniger Herr der Stadt.

Hackher hielt neben dem Schloßberg noch einige Häuser am Fuße des Berges als Vorpostenlinie besetzt, während sich die Franzosen überall in der Stadt ausbreiteten. Die Paulustorgasse war die Grenzlinie der beiden Parteien. Die eine Straßenseite wurde von den Franzosen gehalten, während auf der anderen Hackher einen kleinen Trupp in den Häusern postierte.

Broussiers erste Amtshandlung war, Hackher erneut zur Kapitulation aufzufordern und dabei abermals auf das Schicksal der Besatzungen von Predil und Malborghet hinzuweisen, woraufhin der Schloßbergkommandant auf die mit Grouchy geschlossene Konvention aufmerksam machte.

Um 7 Uhr abends erfolgte dann die völlige Blockade der Festung. Den Franzosen gelang es zunächst nicht, den Berg komplett von der Außenwelt abzuriegeln. Durch geheime unterirdische Verbindungstunnel war es Hackher während der gesamten Zeit der Besetzung möglich, heimlich Nachrichten an den Franzosen vorbeizuschmuggeln und so den Kontakt mit Erzherzog Johann aufrechtzuerhalten. Hierbei machte er sich die Hilfe einiger wagemutiger Bürger zunutze, die Leib und Leben riskierten, um die geheimen Botschaften weiterzuleiten. Einer dieser Verbindungsmänner war der Wirt des Gasthauses „Zur goldenen Pastete", MICHAEL SPRENG, der später für seine Verdienste mit der goldenen *Civil-Ehren-Medaille* ausgezeichnet wurde.

Am 7. Juni erhielt Hackher eine viel versprechende Antwort Erzherzog Johanns aus dessen Hauptquartier im ungarischen Körmend, worin ihm baldiger Entsatz in Aussicht gestellt wurde. Hackher antwortete, dass dieser dringend notwendig sei, da seine Besatzung bereits durch Desertion und Krankheit geschwächt sei.

Tatsächlich entwickelte sich die Lage in den ersten Tagen mehr und mehr zur Beunruhigung Hackhers. Noch war es zu keinem Angriff der Franzosen gekommen. Die beiden Parteien standen sich waffenstarrend gegenüber. Nur ein paarmal versuchten Spähkommandos der Franzosen sich der Festung zu nähern, wurden aber sofort von österreichischen Scharfschützen in die Flucht geschlagen. Dennoch entwickelte sich die Kampfmoral am Schloßberg nachteilig. Aufgrund der großen Anspannung verloren die ersten Männer die Nerven und es kam zu Ausei-

nandersetzungen innerhalb der Mannschaft. Erste Anzeichen
eines Belagerungskollers machten sich bemerkbar und Hackher
musste hart durchgreifen, um Herr der Lage zu bleiben.
Hierbei soll besonders die Unterstützung des Hauptmannes
Cerrini erwähnt werden, der sich durch besondere Loyalität zu
seinem Kommandanten auszeichnete. Im Laufe der Belagerung
entwickelte sich zwischen Hackher und seinem Stellvertreter
sogar eine innige Freundschaft, die im Laufe der Jahre bestehen
bleiben sollte.

DER TREUE STELLVERTRETER:
HAUPTMANN CARL GRAF CERRINI DE MONTE VARCHI

Cerrini wurde am 9. Oktober 1777 in Raab, dem heutigen
Györ, in Ungarn geboren. Sein Vater war der bekannte Feldmarschall Joseph Freiherr von Cerrini. Da dieser bereits Genie-
offizier war, trat der Sohn 1788 mit nur elf Jahren in die Wiener Ingenieursakademie ein. 1794 verließ er diese als Kadett
und wurde ein Jahr später zum Ingenieursoberleutnant befördert und dem Generalquartiermeisterstab der Italienarmee zugeteilt.
Im selben Jahr hatte er einen wesentlichen Anteil bei der Einnahme der Stadt Sevona, welche von genuesischen Truppen
besetzt war, und bei der Eroberung mehrerer französischer Verschanzungen an der Mittelmeerküste. Feldzeugmeister Joseph
Freiherr de Vins äußerte sich sehr zufrieden über den jungen
Offizier und erwähnte in mehrmals lobend in einer Depesche.
Am 14. April 1796 geriet er während der Schlacht bei Dego in
Ligurien zusammen mit seinem verwundeten Vater in Kriegs-
gefangenschaft. Während dieser soll er sich besonders vorbild-
lich verhalten haben, weshalb er dem Generalgeniedirektor
besonders empfohlen wurde. 1800 war er als Adjutant des
Generalmajors und späteren Feldzeugmeisters Thiery de Vaux
im Einsatz bei den Gefechten von Donauwörth am 24. Juni
und bei Ampfing am 1. Dezember. Weiters diente er am 3.
Dezember bei der verlustreichen Schlacht von Hohenlinden
und in den folgenden Rückzugsgefechten.
Bis 1809 sollte er Adjutant des Feldzeugmeisters De Vaux blei-

Hackhers Vertrauter und Helfer: Hauptmann Carl Graf Cerrini de Monte Varchi.

ben und bis zum Hauptmann aufsteigen. Mit Ausbruch des Krieges wurde er der innerösterreichischen Armee zugeteilt und war für die Befestigungen am Semmering zuständig. Am 17. Mai wurde dieser Sperrpunkt von feindlichen Kräften überrannt und musste aufgegeben werden. Cerrini schlug sich daraufhin bis nach Graz durch und bot seine Dienste dem Festungskommandanten Hackher an, welcher sehr erfreut über die Unterstützung des erfahrenen Offiziers war.

Während der Belagerung von Graz zeichnete er sich durch besonderen Einsatz aus, erkrankte aber am 17. Juni schwer und musste den weiteren Fortgang der Kämpfe vom Festungsspital aus miterleben, was ihn später besonders beschämt haben soll, wie er in seinen Tagebuchaufzeichnungen schrieb. Dennoch wurde er von Major Hackher zur Verleihung des Maria-Theresien-Ordens vorgeschlagen, welcher ihm aber verwehrt blieb. 1813 erfolgte die Beförderung zum Major. 1815 machte er seinen letzten kriegerischen Einsatz bei der Belagerung von Hüningen mit. Danach wurde er der Generalgeniedirektion in Wien überstellt. Fünf Jahre später wurde er zum Oberstleutnant ernannt und ihm der Posten des Fortifikations-Distrikts-Direktors von Illyrien und Innerösterreich in Graz angetragen und er erwarb 1825 die Landstandschaft in der Steiermark. Aus Nostalgie bezog er ein Haus auf dem Schloßberg, das er sich auf der demolierten Bürgerbastei errichten hat lassen. Teile des „Cerrini-Schlössls" sind heute noch erhalten.

Die steile Karriere des Mannes sollte noch weiter hinaufführen. 1829 wurde er zum Dienstkämmerer bei Erzherzog Carl als Erzieher von dessen Söhnen berufen. Es folgten die Ernennungen zum Generalmajor (1833), Obersthofmeister (1836) und die Erhebung in den Grafenstand (1838).

Cerrini starb am 5. Jänner 1840 in Wien. Bis zu dessen Tode soll er einen freundschaftlichen Briefwechsel mit Hackher unterhalten haben.

FRANZÖSISCHE ANGRIFFSVORBEREITUNGEN

Nachdem sich Major Hackher mehrmals stur geweigert hatte zu kapitulieren, verlor Broussier die Geduld. Am 9. Juni begannen die Belagerer deshalb unter Aufsicht des Obersten Jean Hugues Gambin (1764–1835) und des Artilleriekommandanten *Colonel* Fieret mit den Vorbereitungen zum Angriff auf den Schloßberg.

An der Nordseite, welche der Stadt abgewandt war, wurde zwischen Sack- und Paulustor ein Laufgraben als Verbindung ausgehoben. Weiters wurden zwei Haubitzenbatteriestellungen angelegt. Eine im „Pistorischen Garten" zwischen der heutigen Lagergasse und der Wilhelm-Kienzl-Gasse, die andere im heutigen Geidorf beim Meerscheinschlössl an der Kreuzung Humboldtstraße, Goethestraße und Körblergasse, die im folgenden WURMBRAND-BATTERIE genannt wurde. Auf dem Glacis vor dem

Paulustor (auf dem Gebiet des heutigen Stadtparks, Höhe Harrachgasse) wurden weitere Geschütze in Stellung gebracht. Bis auf die Stellung im „Pistorischen Garten" konnte die Schloßbergbesatzung alle Belagerungswerke einsehen. Und wieder bewährte sich Hackhers geheimes Nachrichtensystem. So wurde ihm auch der Bau der Batterie in der Grabenvorstadt kundgetan, woraufhin er starken Protest bei den Franzosen einlegte, da diese Batteriestellung eindeutig gegen die Abmachung verstieß, von der Stadtseite aus keine Kampfhandlungen zu betreiben.

Daraufhin drohte Broussier mit der Aufhebung der Konvention, da diese nicht mit ihm, sondern mit Grouchy getroffen worden sei und so keine Gültigkeit mehr habe. Er betonte auch, dass er mittlerweile deutliche Befehle von General Macdonald habe, die Festung baldigst anzugreifen, und der Erzherzog bereits genügend Vorsprung hätte und so keine Notwendigkeit mehr für Hackher bestünde, die Festung weiterhin zu halten. Der Ehre sei genüge getan worden.

Hackher blieb stur und schlug auch alle Meinungen seiner Offiziere in den Wind, die den Major ebenfalls bedrängten, zum Wohle der Männer zu handeln und ein unnötiges Sterben durch eine ehrenvolle Kapitulation zu verhindern. Der listige Major spielte dabei auf Zeit. Er wusste, dass die Franzosen für eine längere Belagerung nicht ausreichend gerüstet waren und sie deshalb keinen wirksamen Generalsturm auf die Festung durchführen konnten. Es galt also, ob Broussiers Drohungen nicht die Nerven zu verlieren. Er überzeugte seine Offiziere damit, dass er Kunde von einem Entsatzheer hätte, welches in wenigen Tagen eintreffen würde, und man bis dahin aushalten müsse. Dies entsprach zu diesem Zeitpunkt nur der halben Wahrheit. Hackher hatte keine konkreten Informationen, wann ein Heer zur Auslösung seiner Männer eintreffen würde, lediglich das Schreiben von Erzherzog Johann, wonach Entsatz auf dem Weg sei, bestärkte den Major durchzuhalten. Sein selbstsicheres Auftreten in dieser Sache motivierte auch seine Männer und veranlasste sie zu glauben, dass man es in wenigen Tagen überstanden haben würde.

BROUSSIER WAGT DEN ANGRIFF

Aufgrund der steigenden Unzufriedenheit in der Bevölkerung sah sich Broussier schon mit einem Volksaufstand konfrontiert. Er glaubte jedoch fälschlich, dass Hackher der Mittelpunkt der Erhebung sein werde und die Aufständischen nur durch den Schloßberg, der sich immer noch in österreichischer Hand befand, ermutigt würden. Gerade im Norden von Graz, in der Gegend von Judenburg und Bruck an der Mur, war es zu besonders weitreichenden Requirierungen durch die Franzosen gekommen, sodass die Bevölkerung dort buchstäblich nichts mehr hatte. Güter und Lebensmittel aller Art waren in den betroffenen Regionen nirgendwo mehr erhältlich. Die Kunde von der standhaften Schloßberggarnison in Graz wurde überall in der Steiermark mit stillem Jubel verbreitet und motivierte die Bevölkerung, sich den Franzosen von Tag zu Tag energischer zu widersetzen.

Schon in den Tagen vor dem 13. Juni war es mancherorts zu Auseinandersetzungen zwischen Bauern und französischen Soldaten gekommen. Streifkommandos wurden immer wieder ohne Provokation von einfachen Bauern angegriffen und von ihren Grundstücken verjagt, was die Besatzer oft mit drastischen Mitteln beantworteten. In der Folge kam es zu vermehrten Brandschatzungen und Plünderungen durch die Franzosen. Dieses Vorgehen konnten die Kommandeure in Graz allerdings nicht zulassen und so wurde Plünderung fortan mit dem Tode bestraft.

Es galt auf jeden Fall weitere Provokationen zu vermeiden, um zu verhindern, dass der entscheidende Funke für einen Volksaufstand sich entzünden würde. Da nun langsam auch die Zeit gegen Broussier arbeitete, musste er sehr bald eine Entscheidung treffen.

Am Vortag des 13. Juni war eine Eilnachricht von General Macdonald eingetroffen, in der dieser verlangte, den Schloßberg möglichst bald anzugreifen und einzunehmen. Es stand zu befürchten, dass die österreichischen Kräfte, welche seit Tagen bereits wieder in der Südsteiermark operierten, auf Graz marschieren und Broussier seinerseits in der Stadt einschließen würden und der Vizekönig von Italien musste alsbald seine Armee für den Vormarsch auf Wien sammeln, um Napoleon zu unterstützen.

Also entschied sich Broussier am 13. Juni zum Angriff. Oberst Gambin, der Kommandant der Blockade, überreichte um 11 Uhr vormittags ein entsprechendes Schreiben an Hackher, worin der Beginn der Kampfhandlungen mit 12 Uhr anberaumt war und er dem österreichischen Kommandanten mitteilte, dass die Nicht-Angriffs-Konvention, welche mit Grouchy vereinbart worden war, aufgekündigt wird. Broussier beabsichtigte demnach auch einen Angriff von Seiten der Stadt.

Der mit der Landesführung beauftragte Gubernial-Präsident von Hingenau ließ sofort per Anschlag überall in der Stadt die Aufnahme der Kampfhandlungen verlautbaren, woraufhin sich die Bürger in ihren Häusern verbarrikadierten. Angesichts der kampfbereiten französischen Soldaten war jeder Aufstandsgedanke der Bürger zunächst erstickt. Keiner wollte im folgenden Gefecht zwischen die Fronten geraten.

Hackher, in Sorge um seine Verwundeten, traf mit dem Parlamentär Broussiers noch eilig die Vereinbarung, das Lazarettgebäude durch schwarze Flaggen zu kennzeichnen und dieses nicht unter Beschuss zu nehmen, was aber später von den Franzosen ignoriert wurde. Entweder waren die Kanoniere nicht darüber informiert worden oder es steckte Unachtsamkeit dahinter. Tatsächlich sollte aber gerade das Lazarett auffällig oft getroffen werden.

Kurz vor 12 Uhr zog Hackher erst seine Vorposten aus den besetzten Häusern in der Paulustorgasse ab. Diese hatten es freilich sehr eilig, hinter die Festungsmauern zu kommen, bevor der Beschuss losging. Um Punkt zwölf Uhr Mittag erfolgte schließlich der Auftakt. Gleich der erste Schuss der Franzosen traf das Ziffernblatt des Uhrturms; es folgte ein heftiges Bombardement durch Haubitzen und Kanonen. Da die Franzosen aber keine geeigneten Belagerungsgeschütze besaßen, wurden vorerst keine relevanten Treffer erzielt. Die meisten Granaten schlugen in den steilen Fels ein, da man die Lafetten nicht höher ausrichten konnte. Andere wiederum flogen im hohen Bogen über die Festung und beschädigten Gebäude in der Stadt. Zweimal wurde sogar das Landhaus getroffen und das Bürgerkorps musste zu Löscharbeiten ausrücken.

Französische Geschützstellung während eines Sturmangriffs. Zeichnung im Meisterbuch der Bürgerlichen Bäckerinnung Graz.

Broussier, der sich den Unmut der Einwohnerschaft nicht noch mehr zuziehen wollte, entsandte sofort einen Boten zu den entsprechenden Batteriestellungen, um den Neigungswinkel der Geschützrohre korrigieren zu lassen.

Der ständische Kanonier ANTON SIGL hinterließ uns in seinen Tagebuchaufzeichnungen, die im steirischen Landesarchiv aufbewahrt werden, eine Schilderung des ersten Gefechts. Demnach sollen die Verteidiger sehr erleichtert gewesen sein, als man feststellte, dass die Franzosen nur sechszöllige Feldhaubitzengranaten einsetzten. Weiters sollen einige der Männer sogleich in Jubel ausgebrochen sein, als sie die schwache Wirkung der ersten Salven bemerkten. Allerdings hatten die Angreifer auch einige Häuser in der Sack-, Spor- und Paulustorgasse in Besitz genommen und nahmen sogleich ein lebhaftes Gewehrfeuer aus diesen auf.

Die schwache französische Artillerie vermag die Verteidiger nicht in Bedrängnis zu bringen. Aquarell im Steiermärkischen Landesarchiv.

Wie Hackher bereits zuvor erkannt hatte, war vor allem die niedrig gelegene Bürgerbastei massiv dem Beschuss ausgesetzt. Die Stückmannschaften konnten dort nicht unbehindert ihre Kanonen in Stellung bringen. Ein Gegenfeuer der Verteidiger blieb relativ wirkungslos, da sich die Franzosen einen sehr vorteilhaften Umstand zunutze machten. Die Ziegeldächer der Häuser waren nicht in Mörtel gelegt, sondern lose. So konnten die feindlichen Scharfschützen die Dachziegel anheben und ihre Gewehrläufe hindurchstecken. Als Cerrini Hackher davon berichtete, ordnete dieser an, die Männer von der Bürgerbastei abzuziehen, bis man die Brustwehren verstärken konnte.

Der Schloßbergkommandant ließ sich jedenfalls nicht einschüchtern und hielt mit einem ordentlichen Artilleriefeuer dagegen. So gelang es gleich in den ersten zwei Stunden, die kaum geschützte Batterie auf dem Glacis komplett auszuschalten. Ein schwerer Schlag für die Franzosen, die ohnehin nicht über besonders viele Geschütze verfügten.

Hackher bemerkte auch das nervöse Gewehrfeuer seiner Männer, woraufhin er anordnete, dass nur die regulären Soldaten und die Scharfschützen mit Gewehren bestückt werden sollten und der Rest sich in Bereitschaft zu halten habe. Damit beugte er der sinnlosen Munitionsverschwendung vor. Zu gerne hätte er auch mit einigen Granaten das Gewehrfeuer aus den Häusern unterhalb der Bürgerbastei zum Schweigen gebracht, doch es lag dem Kommandanten nichts daran, die Behausungen der braven Bürger in Schutt und Asche zu legen. Überhaupt ist an dieser Stelle anzumerken, dass Hackher sehr bemüht war, die Stadt und ihre Bürger zu schonen, und deshalb oft auf drastischere Gegenmaßnahmen verzichtete, nur um diese nicht zu gefährden. Ein Verhalten, das die Franzosen sehr bald bemerken sollten und für sich zu nutzen begannen. Im Schutze der Gebäude wagten sich die feindlichen Stoßtrupps bis an die Felsen heran und begannen, Steigeisen und Leitern anzulegen. Die Versuche, die Bürgerbastei damit zu überrumpeln schlugen jedoch wegen des eher zögerlichen Vorgehens der Franzosen fehl.

Das erste „Bewerfen" des Schloßbergs dauerte bis 9 Uhr abends. Die französischen Geschütze schwiegen jedoch schon seit 5 Uhr nachmittags, da die Kanoniere zu der frustrierenden Auffassung gelangt waren, dass sie selbst nur Munition vergeudeten und die Festung nicht wirklich bedrohen konnten.

Die Verteidiger auf dem Schloßberg fühlten sich nach diesem ersten Gefecht als Sieger, war es doch den Franzosen nicht gelungen, ihnen nennenswerte Verluste zuzufügen oder sie sonst irgendwie in Bedrängnis zu bringen. Die Kanoniere, allen voran KAPITÄNSLEUTNANT MICHAEL KANDELBINDER, hatten sich besonders bewährt und den Franzosen einige Verluste bereitet. In der Stadt sprach man von 30 (!) getöteten Offizieren und 60 Soldaten, was mit Sicherheit übertrieben war. Generell ist die Darstellung der Verlustzahlen während der ganzen Belagerung sehr widersprüchlich. Während Broussier immer nur von einigen wenigen Verwundeten spricht, brüstet sich Hackher stets, dem Feind schwere Verluste bereitet zu haben. Die Wahrheit dürfte irgendwo in der Mitte liegen, denn es war damals durchaus üblich, die eigenen Opferzahlen zu beschönigen, um bei den Vorgesetzen nicht schlechter dazustehen als unbedingt notwendig. Es ist auch relativ schwer einen Verlust zu definieren. Zu jener Zeit waren die Ausfälle im Kampf verglichen mit moderneren Kriegen relativ gering. Selbst wenn ganze Linieninfanterieregimenter aufeinander feuerten, gab es höchstens eine Ausfallsquote von etwa 25 Prozent. Geschuldet war dies dem damaligen Kriegsgerät. Normale Infanteriegewehre hatten einen glatten Lauf. Die Kugel war nicht passgenau und bekam deshalb beim Abschuss einen Drall, wodurch genaues Zielen eigentlich unmöglich wurde.

Nur auf sehr kurze Distanzen konnte man einigermaßen gut treffen. Die meisten Schüsse, die damals also abgegeben wurden, trafen nicht den Gegner. Daher konnte es schon mal vorkommen, dass sich zwei Parteien stundenlang beschossen, ohne nur einen Toten beklagen zu müssen. Anders sah es natürlich bei einem Sturmangriff mit Bajonetten aus. Als Verlust galt außerdem, wenn ein Soldat kampfunfähig wurde, z. B. durch Verwundung. Dies konnte aber bedeuten, dass derselbe Mann einige Tage später wieder zum Einsatz kam.

Tote als unmittelbare Folge des Kampfes gab es relativ selten. Wenn doch, dann starben die Kombattanten in Folge der Verwundung erst einige Tage später, was aber der Verluststatistik des Gefechts, in welchem sie ausgefallen waren, nicht mehr zugerechnet wurde. Grundsätzlich waren die Verlustzahlen mehr als ungenau und wenn diese irgendwo niedergeschrieben wurden, so dienten sie meistens nur der Propaganda.

Dem ersten Kampf folgte eine kurze Atempause, die Hackher vor allem dazu nutzte, auf der Bürgerbastei für bessere Deckung zu sorgen. Cerrini beaufsichtigen den Bau der sogenannten „Maschikulis". Die Schutzwehr wurde dabei über die Eskarpemauer geschoben und Öffnungen im Boden ermöglichten es, den Feind am Fuße des Berges auszumachen und mit Granaten und Steinen zu bewerfen.

Kurz vor Mitternacht konnte man dann wieder reges Treiben in den französischen Laufgräben und Stellungen ausmachen und die Schloßberggarnison bereitete sich auf einen weiteren Angriff vor. Broussier war über das unzureichende Ergebnis des ersten Gefechtstages sehr ungehalten und richtete drastische Worte an seine Kommandeure, mit wesentlich mehr Entschlossenheit vorzugehen. Ihm war jedoch selbst bewusst, dass er in einer ungünstigen Lage war, den Berg erobern zu können. Allerdings ist das undisziplinierte Verhalten von Hackhers Männern den Franzosen von Anfang an nicht verborgen geblieben und Broussier spekulierte darauf, dass diese irgendwann den Druck der Belagerung nicht mehr aushalten würden. Er wollte der Festung keine Atempause gönnen und Hackher durch Dauerbeschuss zur Aufgabe zwingen. Ein Plan, der vermutlich bei den meisten anderen Offizieren aufgegangen wäre, doch der Major der Schloßbergfestung verstand es, seine Männer unter Kontrolle zu halten.

Die eine oder andere Desertion ließ sich dennoch nicht verhindern. Kurz vor Mitternacht gab es einen Schusswechsel. Einer der Soldaten in der Flesche hatte die Nerven verloren und war zu den Franzosen übergelaufen. Kurz darauf folgten drei Kanonenschüsse als Signal zum Angriff.

Französische Soldaten hatten sich rund um den Berg verteilt und auch die Häuser unter der Bürgerbastei wieder besetzt. Freilich war dies nur eine Finte, denn der Hauptangriff geschah natürlich von der Geidorfseite aus. Dort hatten sich die Kompanien auf dem Glacis gesammelt und marschierten geschlossen unter dem Feuerschutz der Haubitzen auf den Berg zu. Hier am Osthang bestand auch die größte Wahrscheinlichkeit, bis an die Mauern vorrücken zu können.

Der Südosthang, welcher noch flacher gewesen wäre, wurde von den Franzosen aber vorerst noch ausgespart. Erstens, weil das Aufmarschieren der Truppen in den engen Straßen der Stadt erfolgen hätte müssen und dort zu wenig Platz vorhanden war, um größere Gruppierungen zu bewegen, und vor allem auch, weil hier die langgestreckte Lampelbatterie vom Schloßberg aus über die gesamte Hangseite hätte wirken können und die französischen Kommandeure nicht das Risiko eingehen wollten, in einem schweren Kartätschenfeuer komplett aufgerieben zu werden.

Die Franzosen rückten am Osthang bis zum Fuße des Berges vor, bis das Gegenfeuer des Schloßberges sie zwang, sich wieder rückwärtig zu bewegen.

Auch hier hatte Hackher wieder das unnötige Schießen einstellen lassen und angeordnet, den Feind mit Steinen und Rollgranaten zu überhäufen, was verheerende Wirkung hatte. Obwohl auch hier die späteren Opferzahlen wenig dramatisch wirken, ist anzunehmen, dass es diesmal tatsächlich zu beträchtlichen Verlusten bei den Franzosen gekommen ist. Bereits eine Stunde später zogen sich die Angreifer geschlagen zurück, nur das obligate Gewehrfeuer aus den Häusern wurde bis Tagesanbruch weitergeführt.

Der Sieg ließ die Verteidiger abermals aufjubeln und schön langsam bekamen sie Zutrauen in ihre Fähigkeiten. In der Stadt wurde die Blamage der Franzosen zum bestimmenden Thema an den Stammtischen und die wildesten Gerüchte und Geschichten machten die Runde. Von bis zu 800 gefallenen Franzosen war sogar die Rede. Broussier soll sogar veranlasst haben, die Toten in die Mur werfen zu lassen, damit niemand das gesamte Ausmaß seiner Niederlage bei Tagesanbruch erblicken könnte. Damit wollte er der sinkenden Moral seiner Männer entgegenwirken.

Die Bürgerschaft war nun sehr zuversichtlich, dass der Schloßberg gehalten werden könnte, und getraute sich daher, den Franzosen verstärkt Widerstand zu leisten. Der Nachschub an Lebensmitteln und Materialien geriet ins Stocken. Im Grazer Umland weigerten sich die Dörfer, die Requisitionen aufzubringen, und die Franzosen hatte nun nicht einmal die Zeit, diese Vergehen zu ahnden, denn alle Truppen wurden für die Belagerung gebraucht. Fraglich ist, ob die Weigerung, Güter nach Graz zu liefern, tatsächlich dem Widerstandsgedanken zuzuschreiben ist oder vielmehr der Angst der Händler, sich in das Kampfgebiet rund um die Stadt zu wagen.

Sorge bereitete Hackher nur der in der Nacht desertierte Soldat. Dieser hatte vermutlich wichtige Informationen über die Lage am Schloßberg an den Feind weitergegeben. Aus diesem Grund ließ der Major die Munitionsdepots an andere Plätze verlegen.

Am nächsten Tag gingen die Mannen auf der Festung in die

Initiative. Hackher ließ seine Geschütze sprechen und die Franzosen antworteten kurz darauf. Diesmal war das Feuer wesentlich gezielter und ein paarmal wurden die Munitionsdepots getroffen, doch glücklicherweise konnte eine Explosion stets verhindert werden. Ein besonders mutiger Offizier namens Stadlmayer soll sogar eigenhändig einer französischen Granate nachgesprungen sein, um die Lunte auszudämpfen, bevor diese eine umgekippte Lastkarre voll mit Schießpulver erreichen konnte.

Das neue Selbstvertrauen der Schloßbergbesatzung artete leider auch in Übermut aus. So wagten sich einige Soldaten auf der Bürgerbastei zu weit aus der Deckung und wurden durch französisches Gewehrfeuer schwer verletzt. Eine besonders arge Verwundung soll sich der Ordonnanz-Offizier von Hauptmann Cerrini zugezogen haben: Ihm drang eine Kugel durch die Schläfe in den Kopf und trieb beide Augen aus den Höhlungen.

Doch trotz all dem zeigte sich die Festungsgarnison wesentlich zielsicherer. Vor allem die geübten Schützen nahmen jeden Franzosen, der ihnen zu nahe kam, mit Doppelhaken und Jägerstutzen unter Feuer, sodass sich bald kein Feind mehr zu nahe an den Berg wagte und die französischen Offiziere Mühe hatten, ihre Männer zum Angriff zu bewegen.

Nun wagte sich auch die Bevölkerung wieder aus ihren Häusern, anscheinend hatte man sich an den Gefechtslärm gewöhnt. Im Vertrauen darauf, dass die Schloßbergmannen nun gut genug zielten, sammelten sich einige Schaulustige in den Straßen und Gassen. Auch Frauen und Kinder sollen darunter gewesen sein.

Um acht Uhr abends schwiegen die Geschütze wieder, nur um zwei Stunden später wieder von vorne zu beginnen. Erneut wollten die Franzosen an die Mauern der Festung gelangen, doch es getraute sich niemand so wirklich in den Wirkungsbereich der Verteidiger. So blieb der nächtliche Sturm aus.

Ein Überraschungsangriff um zwei Uhr nachts schlug ebenfalls fehl. Während auf dem Schloßberg ein Toter und zwei Verwundete beklagt wurden, waren die Verluste der Angreifer wieder enorm. Broussier war am Verzweifeln. Nicht nur, dass er die Festung bis jetzt nicht nehmen konnte und sich schon zum

Gespött der Generalität machte, in der Nacht sah man in der Umgebung von Graz auch noch Raketen aufsteigen, welche vermutlich von einer Entsatzarmee stammten.

Major Hackher nahm diese Leuchtzeichen zum Anlass, seine Männer erneut zum Durchhalten einzuschwören. Sein Gegenspieler war nun unter deutlichem Zugzwang. Es galt nun alles zu riskieren, um die Festung zu erobern, denn der eitle Broussier konnte sich für seine weitere Karriere keine Blamage leisten und außerdem musste er verhindern, dass ein österreichisches Entsatzheer ihn selbst in der Stadt einschloss. In diesem Fall wäre er von zwei Seiten in Bedrängnis gekommen. Es war also essentiell für die Franzosen, den Festungsberg endlich einzunehmen, um die Stadt weiterhin halten zu können. Und dies mussten sie, wenn sie die wichtigste Nachschubbasis nicht verlieren wollten.

Broussier setzte also noch mal alles auf eine Karte und ließ einen GENERALSTURM vorbereiten.

DER GENERALSTURM DER FRANZOSEN

Am Vormittag des 15. Juni schickte Broussier erneut einen Parlamentär zu Major Hackher, der ihm zum dritten und letzten Mal die ehrenvolle Kapitulation anbieten sollte.

Von 10 Uhr vormittags bis 12 Uhr mittags schwiegen die Waffen. Eine willkommene Feuerpause für beide Seiten. Der französische Unterhändler instruierte Hackher über die aktuelle militärische Lage. Er teilte ihm mit, dass die Armee des Erzherzogs sich bereits hinter die Donau zurückgezogen habe und dass es daher keine Notwendigkeit mehr gäbe, die Stellung auf dem Schloßberg weiterhin zu halten. Er wies deutlich darauf hin, dass es keine uneinnehmbare Festung gäbe und dies nur eine Frage der Zeit und der eingesetzten Mittel wäre.

Hackher versuchte auf Zeit zu spielen und bat darum, zuerst einen Kurier zum Erzherzog entsenden zu dürfen, um neue Befehle einzuholen. Erst dann wollte er eine Entscheidung treffen. Auf diesen Vorschlag ging Blockadekommandant *Colonel* Gambin jedoch nicht ein. Da der Kurier nicht vor drei Tagen zurückerwartet werden konnte und Broussier nicht mehr so viel

Zeit vergeuden durfte, wurde Hackhers Bitte abschlägig beurteilt.

Auf dem Schloßberg kam es unterdessen zu heftigen Auseinandersetzungen zwischen dem Festungskommandanten und seinen Offizieren, die Hackher aufforderten, das letzte Kapitulationsangebot endlich zu akzeptieren, um das Leben der tapferen Männer zu schonen. Es sei zu erwarten, dass der Feind fortan weniger rücksichtsvoll vorgehen werde und die Festungsbesatzung mit keinerlei Form von Gnade zu rechnen habe.

Hackher soll im Zuge dieser Konfrontation einen Tobsuchtsanfall bekommen haben und jedem Offizier, der sich seinen Befehlen widersetzen würde, mit Kriegsgericht gedroht haben. Cerrini, der loyal zum Major stand, appellierte an das soldatische Ehrgefühl und dass es sich nicht mit diesem vereinbaren ließe, die hungernde und notleidende Bevölkerung so schamlos im Stich zu lassen. Seine Worte zeigten Wirkung und die Mehrheit der opponierenden Offiziere ließ sich umstimmen.

Hackher hatte sich erneut durchgesetzt und schlug die Kapitulation abermals aus. Broussier, der insgeheim mit der Nachgiebigkeit seines Kontrahenten gerechnet hatte, soll derart erbost über dessen Dreistigkeit gewesen sein, dass er das Antwortschreiben Hackhers sofort wütend zerriss.

Es sollte also zum Äußersten kommen. Mit Einbruch der Dunkelheit begannen die Franzosen mit ihren Vorbereitungen und auch Hackher schwor seine Männer ein letztes Mal auf die Verteidigung ein und ließ an alle Soldaten Wein ausschenken.

Die Franzosen gedachten, alle ihre Kräfte für den bevorstehenden Generalsturm einzusetzen, und das immense Truppenaufgebot alarmierte auch die Grazer Bürgerschaft. Zuvor waren in der Stadt die wildesten Gerüchte umgegangen, wonach die Franzosen Hackher eine Unsumme an Bestechungsgeldern für seine Kapitulation angeboten hätten, und die Tatsache, dass dieser erneut ablehnte, machte ihn bei den einfachen Leuten endgültig zum Volkshelden. Die Bürgerschaft war in großer Sorge um ihre treuen Soldaten auf der Festung und es kam die Meinung auf, man müsse dem tapferen Major und seinen Männern beistehen. Irgendwie war die Witwe Baronin Kaiserstein an Informationen über die Angriffspläne der Franzosen gelangt und mit Hilfe von Rauchfangkehrergesellen wurde die Festungsbesatzung gewarnt. Die Kaminkehrer stiegen in der Nacht auf das Haus des Bäckermeisters Dirnböck im zweiten „Sack" und gaben einen Lockruf ab, woraufhin die Soldaten auf der Bürgerbastei einen Strick herunterließen, an dem eine Botschaft für Major Hackher befestigt wurde.

Obwohl in der Sackstraße alle Bewohner das nächtliche Manöver mitbekommen hatten, wurde der Vorfall von niemandem an die Franzosen verraten – trotz der beträchtlichen Belohnung, die für die Denunziation solcher Vorkommnisse ausgesetzt war. Der Angriff ließ nicht lange auf sich warten. Um 11 Uhr nachts gab eine Haubitzensalve das Zeichen zum Generalsturm. Broussier persönlich feuerte seine Truppen an und ließ ordentlich Schnaps ausschenken, um den Wagemut seiner Männer zu erhöhen. Wieder wurden die Häuser rund um den Schloßberg besetzt und große Truppenkontingente nahmen auf dem Glacis vor dem Meerscheingarten Aufstellung. Fast ununterbrochen feuerten die französischen Geschütze und ließen der Schloßbergbesatzung kaum Zeit, Luft zu holen, während die Infanteristen langsam auf den Berg zumarschierten.

Aus den Häusern wurde wieder ein erbittertes Gewehrfeuer aufgenommen. Die Hauptgruppe marschierte in Pelotonkolonnen über den Geidorfplatz und erreichte alsbald den Fuß des Schloßberges. Mit lauten *Avance!*-Rufen erklommen die Soldaten die Steigung.

Auch die Bürgerbastei geriet diesmal stark in Bedrängnis. Dort marschierten die Franzosen durch die engen Gassen heran und begannen, Sturmleitern anzulegen. Dem ständigen Beschuss von den Dächern der Häuser ausgesetzt, mussten die Kanoniere und Stückmannschaften das Anlegen der Sturmleitern unbedingt verhindern. Jeder Mann griff nun auf dem Schloßberg zu den Waffen und half bei der Verteidigung. Doch trotz der Steinkugeln und Rollgranaten, die man unablässig den Berg hinunterwarf, gewannen die Franzosen mehr und mehr Raum. Schließlich kamen sie bis an die Flesche, nur wenige Meter unterhalb des Festungstors, heran.

Überall wurde auf das Erbittertste gekämpft. Als die Franzosen schon fast das Tor erreicht hatten und schon die Leiterträger durch ihre Reihen nach vorne kamen, gelang es Hauptmann Cerrini, gleichsam in letzter Sekunde, seine Kanonen in Stel-

GRÆTZ in STEYERMARK

Graz mit Blick auf den Schloßberg 1833. Kolorierte Lithografie von Jakob Alt.

lung zu bringen und den feindlichen Sturm mit einem Kartät-
schenhagel zurückzuschlagen.

Doch die Franzosen gaben so schnell nicht auf: Abermals
rannten sie in einer neuen Welle den Berg hoch, wieder kamen

GRÆTZ en STYRIE

sie bedenklich nahe an die Mauern heran und wieder konnte sie
nur das Kartätschenfeuer im letzten Moment zurückwerfen.
Von dieser gewaltigen nächtlichen Schlacht ist uns eine bildli-
che Darstellung überliefert geblieben. Das Gemälde zeigt den

Schloßberg aus der Sicht der Wumbrandschen Batterie, welche im Vordergrund noch zu erkennen ist. Gut erkennbar sind auch die Laufgräben rund um den Schloßberg, welche die einzelnen Geschützstellungen miteinander verbanden. Bei genauer Betrachtung erkennt man sogar die französischen Sturmabteilungen, wie sie gerade den Berg erklimmen.

Ein weiteres Bild zeigt uns den Sturmangriff auf die Bürgerbastei, vermutlich aus der Sicht der Pistor-Batterie. Gut zu erkennen sind die Leiterträger, die sich bis zu den Mauern vorkämpfen, und auch die zahlreichen Verwundeten, die den Berghang säumen.

Als der Angriff endlich abgeschlagen war, breitete sich eine unendliche Erschöpfung unter den Männern auf dem Schloßberg aus. Zwar war offiziell nur von zwei Toten und drei Verwundeten die Rede, doch der tatsächliche Blutzoll dürfte höher gelegen sein.

Auf Seiten der Franzosen sprach man von 60 Toten und 200 Verwundeten. Beide Statistiken dürften wieder geschönt worden sein. Broussier sprach in seinem Festungsjournal sogar nur von einem Scheinangriff, um sich nicht einer völligen Blamage aussetzen zu müssen.

Tags darauf dauerte der gegenseitige Beschuss mit gewohnter Heftigkeit fort. Broussier wollte Hackher keine Sekunde Erholung mehr gönnen. Dabei übersah er aber, dass er längst seine eigenen Ressourcen aufzehrte.

Der Kommandant der französischen Husaren meldete am 16. Juni, dass die Straße nach Marburg bereits von österreichischen Kräften gesperrt sei und er seine Stellung bei Wildon beziehen musste.

Broussier ließ nun nach allen Richtungen seine Reiter ausschwärmen, um rechtzeitig vor einer österreichischen Armee gewarnt zu werden, denn er hatte in der Nacht die Erkenntnis gewonnen, dass der Schloßberg mit Leitern nicht zu nehmen sei. Außerdem waren die Spitäler und Lazarette der Stadt derart mit französischen Verwundeten überfüllt, dass man aus der Zivilbevölkerung Pflegekräfte rekrutieren musste. Um 11 Uhr nachts musste sogar das Artilleriefeuer eingestellt werden, da die Vorräte an Munition und Pulver beinahe aufgebraucht waren.

Bisher konnte man Broussier nur gesunden soldatischen Ehrgeiz unterstellen, doch ab nun wurde sein Vorgehen zusehends irrationaler. Als am Schöckl, über Mariatrost und Wildon in der Nacht auf den 17. Juni überall Leuchtfeuer zu sehen waren und diese vermutlich von einer herannahenden Armee der Österreicher stammten, entschloss sich Broussier wider besseren Wissens erneut zu einem Sturmangriff. Obwohl seine Munitionsvorräte schon bedenklich aufgebraucht waren, wies er seine Kommandeure an, ein noch heftigeres Artilleriefeuer zu betreiben als die Tage zuvor. Der folgende Beschuss, der um zwei Uhr früh eröffnet wurde, soll so heftig gewesen sein, dass durch die Bodenerschütterung die Rauchfänge einiger Häuser rund um den Schloßberg einstürzten.

Doch zu einem erneuten Sturm sollte es nicht mehr kommen, da die Kommandeure ihre Männer nicht sinnlos opfern wollten. So blieb es lediglich bei dem heftigen Bombardement, das bis Mittag fortdauerte.

In der Stadt machten am frühen Nachmittag wilde Gerüchte die Runde – Feldmarschallleutnant (FML) Chasteler sei mit 10.000 Mann im Anmarsch. Daraufhin ließ Broussier alle öffentlichen Plätze sperren und das Verbreiten derartiger Geschichten mit einer saftigen Strafe belegen. Noch immer fürchtete sich der General vor einem Volksaufstand der Grazer. Alsbald sollte er jedoch Gewissheit bekommen. Von seinen Husaren bei Wildon bekam er die Nachricht, dass die Armee des Grafen Gyulai sich auf ihn zubewege. Darauf musste Broussier nun reagieren.

In der Nacht blieb ein erneuter Angriff auf den Schloßberg aus, wenngleich noch einige Batterien ihr Feuer abgaben. In der Festung war man gewillt durchzuhalten und jeder war überzeugt, es könne nicht mehr lange dauern, bis Entsatz eintreffen würde. Doch dies musste schnell geschehen, denn die Wasservorräte waren verdorben und auch der Wein säuerte bereits. Typhus und Durchfallerkrankungen machten die Runde.

Auch Hauptmann Cerrini hatte es schlimm erwischt und musste ins Festungsspital gebracht werden. Hackher soll sich sehr fürsorglich um den treuen Gefolgsmann gesorgt haben und ließ sich ständig über Cerrinis Gesundheit berichten. Er überlegte sogar zu kapitulieren, nur um den Hauptmann in ein städtisches Spital bringen zu können, wo er zweifelsfrei eine bessere Versorgung bekommen hätte.

Inzwischen war Hackher auch für seine Männer zum Helden geworden. Wurde er anfänglich noch wegen seiner Strenge gehasst und gefürchtet, so begegneten ihm die Soldaten nun mit Hochachtung. Sie alle wussten sehr wohl, wem sie es zu verdanken hatten, dass die Festung so lange gehalten wurde, und die Kaltschnäuzigkeit des Majors hatte bereits die Runde gemacht. Einmal soll Hackher sogar während eines Beschusses mutig dagestanden und mit Cerrini ein Gespräch geführt haben, als eine Kugel direkt neben ihm einschlug, ohne, dass der Major auch nur mit der Wimper zuckte, während die Männer rund um ihn alle panisch in Deckung gesprungen waren.

DER ENTSATZ

Am 18. Juni war es dann so weit. Auf dem Schloßberg konnte man südlich von Graz Gewehrfeuer ausmachen: Die französischen Vorposten waren bereits in Kampfhandlungen mit der Vorhut der Österreicher verwickelt. Als sich die französische Kavallerie auf dem Lend sammelte, ließ Hackher sie unter Beschuss nehmen, woraufhin die Dragoner Richtung Puntigam abzogen.

Die lebhaften Aktivitäten der Franzosen an diesem Tag waren unübersehbar. Bei den Murbrücken machten sich Pioniere daran, diese ungangbar zu machen. Offensichtlich wollte man sich für einen Angriff der Österreicher unter Gyulai rüsten. Hackher wusste diese Bemühungen aber erfolgreich zu verhindern und ließ die Abtragungsarbeiten bei den Murbrücken unter Beschuss nehmen. Broussier bereitete seine Truppen daraufhin für den Abmarsch aus der Stadt vor, denn er wollte dem Feinde auf offenem Felde entgegentreten und nicht hinter den Mauern eingeschlossen werden.

Vom Schloßberg aus wurde jede Bewegung genauestens beobachtet. Gegen Mittag trafen dann die ersten verwundeten Reiter ein. Die Reste der Vorpostenlinie hatte sich ungeordnet zurückziehen müssen. Broussier lag inzwischen die Meldung vor, dass sein 6. Husarenregiment bei Wildon mit zwei österreichischen Kavallerieregimentern zusammengestoßen war und sich nach heftigen Kämpfen zurückziehen hatte müssen. Die Verluste der Franzosen betrugen 120–130 Mann.

Der General war über diese Entwicklung wenig erfreut, da er dem Kommandeur der Husaren eigentlich angeordnet hatte, sich bis nach Kalsdorf zurückzuziehen, um eben nicht mit der österreichischen Vorhut zusammenzustoßen. Doch was er nicht wissen konnte, war, dass seine Husaren diesen Befehl nie erhalten hatten, da der Bote unterwegs von einer mutigen Bauernschar abgefangen worden war. Auch an anderer Stelle wurden die französischen Kuriere abgefangen und Broussier rang sich zur Erkenntnis durch, dass die Österreicher bereits die Zufahrtsstraßen nach Graz kontrollierten und er bereits abgeschnitten war. Besonders schmerzlich war der Verlust einer Postkutsche, die bei Gleisdorf abgefangen wurde. Mit ihr gingen wichtige militärische Unterlagen und die Soldkasse mit 156.000 Gulden verloren.

Gegen Abend hin – der Entschluss dazu mag blanker Verzweiflung entsprungen sein – entschied sich Broussier noch einmal für einen Angriff auf die Festung, der aber so halbherzig und überhastet ausgeführt wurde, dass er keine volle Stunde dauerte und erfolglos blieb.

Inzwischen fragte sich Hackher, warum Gyulai noch nicht bis vor die Tore der Stadt vorgerückt war, und nahm an, dass dieser vielleicht gar keine Kenntnis darüber hatte, dass der Schloßberg noch in österreichischer Hand sei, und ließ deshalb Signalraketen abfeuern.

Am Morgen des 19. Juni stellten die Franzosen schließlich das gegen den Schloßberg gerichtete Artilleriefeuer gänzlich ein, da sie ihre Munition tunlichst an anderer Stelle brauchten. Hackher aber ließ weiterfeuern, sodass den Belagerern irgendwann nichts anderes übrig blieb, als das Feuer wieder zu eröffnen.

Inzwischen hatte der gegenseitige Beschuss nicht nur auf dem Schloßberg zahlreiche Schäden verursacht, sondern auch die Stadt in Mitleidenschaft gezogen. So wurden das Rathaus, die Wachstube sowie das Einquartiersamt schwer getroffen. Bürgermeister Wiesenauer richtete deshalb eine Beschwerde an die Landeskommission, die den Beschuss stoppen sollte. Dabei wurde tunlichst vermieden, die Schuld für die Schäden auf

Major Hackher zu schieben, denn das hätte sich in dieser Lage schlecht begründen lassen.

Am 20. Juni ließ Broussier gezwungenermaßen den Beschuss einstellen, denn er hatte keine Munition mehr. Angeblich wurden während der Belagerung 1060 Stück Granaten auf den Berg abgefeuert.

Die Lebensmittel in der Festung wurden indessen knapp. Die tägliche Fleischration wurde auf ein Sechstel Pfund heruntergesetzt, doch die Besatzung ertrug diese Entbehrungen ohne Klagen, denn inzwischen war baldiger Entsatz ziemlich sicher. Als Broussier von dem beginnenden Mangel an Lebensmitteln auf der Festung erfuhr, ließ er sich noch zu einer ehrenvollen Geste hinreißen und schickte einen Korb mit zwei Flaschen Rosoglio, zwei Flaschen Rum, Kaffee und einen Zuckerhut als Beweis seiner Hochachtung zu Hackher. Weiters waren dem Geschenk zwei Schreiben beigelegt, welche Cerrini übersetzen musste. Das erste bezeugte die persönliche Hochachtung des Generals für einen so tapferen Gegner und das zweite enthielt eine Ausgabe der *Wiener Zeitung* und einen Armeebefehl, wonach das Feuer zwischen 1 und 3 Uhr eingestellt werde.

Dennoch war Hackher beunruhigt und glaubte an eine Finte des Feindes, worüber er sich mit Cerrini am Krankenbett beriet. Dieser war selbst im Lazarett dem Kommandanten in puncto Verhandlungen ein wichtiger Ratgeber. Hackher unterrichtete den Hauptmann auch darüber, dass er erfahren hatte, dass sich Napoleon sehr erbost über die gescheiterte Belagerung des Schloßberges gezeigt haben soll und beabsichtigte, schweres Geschütz nach Graz transportieren zu lassen. Dabei sei ihm wohl bewusst, dass die Festungsmauern einem schweren Bombenbeschuss nicht standhalten würden, doch eine Kapitulation würde er nach wie vor nicht akzeptieren. Hackher bekräftigte erneut seine Haltung, dass er jede Bastion bis zum erbitterten Ende halten und verteidigen werde und wähnte sich der Unterstützung der einfachen Soldaten sicher. Jedoch befürchtete er eine wachsende Intrige von Seiten der Offiziere, die sich durch den Ausfall Cerrinis wieder getrauten, gegen den Major Opposition zu ergreifen. Cerrini riet seinem Kommandanten, auf jeden Fall standhaft zu bleiben. Nach solchen Gesprächen erfüllte den Major stets neue Zuversicht.

Der Schloßberg nach der Schleifung der Festungsanlagen durch die Franzosen. Aquarell von Tita de Nobili.

Ohne größeres Aufsehen zogen am 21. Juni gegen 1 Uhr früh die Truppen Broussiers aus der Stadt ab. Die Belagerung war vorbei. Der General gab später seine Verluste in Graz mit der äußerst unwahrscheinlichen Zahl von 4 Toten und 12 Verwundeten an.

Kaum war der Abzug auf der Festung bemerkt worden, brach unüberhörbarer Jubel aus. Zeit zum Feiern blieb jedoch nicht, denn Hackher befürchtete, dass dies nur ein vorläufiger Abzug sein könnte, und wollte die Zeit nützen, um seine Vorräte aufzufüllen. Er ließ Mauern und Stadttore besetzen und die Murbrücken sichern.

Die Freude der Grazer war allerdings ungemein groß und so musste der Festungskommandant, bevor er sich neu ausrüsten konnte, eine jubelnde Menschenschar in Empfang nehmen, die von der Stadt prozessionsartig auf den Schloßberg gezogen war. Dabei schafften kräftige Männer überall zurückgelassenes Kriegsgerät der Franzosen herbei, Frauen und Kinder schleppten körbeweise Esswaren mit sich und bejubelten die tapferen Soldaten. Jeder wollte Hackher zu seinem erstaunlichen Sieg gratulieren und von der Baronin Kaiserstein, die mit einer Abordnung des weiblichen Adels erschien, erhielten der Major und seine Offiziere den Schwesternkuss *(accolade sororiale)* als Zeichen der Ehrerbietung. Auch der treue Hauptmann Cerrini, vom Jubel mit neuen Lebensgeistern erfüllt, wagte sich in einen Mantel gehüllt aus dem Lazarett. Dabei hatte ihm sein Diener Josef Ostemayer noch geraten, bloß nicht aufzustehen, denn was sollten die Leute denken, wenn er sich just, nachdem die Franzosen abgezogen waren, blicken ließe? Doch Cerrini wollte bei den Freudenfeiern dabei sein und man gönnte es ihm auch.

Dabei trug sich auch noch der Beginn einer kleinen Romanze zu. Denn als die junge Frau Bonn, Besitzerin des Gasthofes „Zum wilden Mann", an Cerrini herantrat und sich teilnahmsvoll nach seinem Befinden erkundigte, soll es doch tatsächlich bei dem Hauptmann gefunkt haben. Die schöne Frau verköstigte ihn jedenfalls mit Malagawein und Zwieback und bot ihm an, bis zu seiner gänzlichen Genesung in ihrem Gasthause zu wohnen.

Hackher hingegen war in Hochstimmung und fühlte sich zu Recht als Herr über die Stadt. Jeder Wunsch wurde ihm sofort erfüllt und alle Hände standen zu seiner Verfügung. Die Landeskommission überschlug sich mit ihren Glückwünschen und versprach, sofort Verpflegung für einen weiteren Monat aufzutreiben. Überdies erwiesen sich die Bürger als sehr spendabel und es musste nicht erst gefragt werden, sondern viele Waren wurden freiwillig zur Verfügung gestellt.

Nun sparte auch Hackher nicht mit Lob auf seine Truppe, die es ihm aufs Wärmste dankte.

EXKURS: HACKHERS FEINDE

Nicht jeder zeigte sich so überglücklich über den Sieg des Majors. Tatsächlich gab es während der Belagerung auch so manchen Mitläufer, der mit den Franzosen sympathisierte.

So wurde Hackher in der Barbierstube in der Sporgasse vom ehemaligen Postbeförderer aus Mureck und ehemaligen Inhaber des Lengheimschen Herrschaftshauses auf das Äußerste beleidigt. Mit diesem machte der Major gleich kurzen Prozess und ließ den Mann auf dem Schloßberg in Haft setzen.

Auch hatte ein Seidenfärber außerhalb des Sacktores aus seinem Hause mehrmals auf den Schloßberg geschossen, wie mehrere Zeugen bekundeten. Auch dieser Mann wurde arretiert und auf die Festung gebracht.

Andere wiederum erwischte es noch schlimmer. Ein Magistratsmitarbeiter, der Zahlungen an die Franzosen veruntreut
hatte, wurde von einer wütenden Menschenschar aus der Stadt
geprügelt und entging nur knapp dem Lynchmord. Ein Geselle
des Tischlermeisters Hölli auf dem Karmeliterplatz hatte sogar
offen mit den Franzosen paktiert und diese bei der Beschießung
des Schloßberges unterstützt, wodurch er den Tod eines Artilleristen verursacht haben soll. Als Hackher dies zu Ohren kam,
ließ er den Mann augenblicklich festnehmen und in der Festung füsilieren. Außerdem waren in den Spitälern gut 200 verwundete Franzosen zurückgeblieben, von denen sich nicht alle
mit der Niederlage abfinden wollten. So soll es in der Sporgasse
zu einem Duell zwischen einem französischen Leutnant und
einem Korporal von der Schloßberggarnison gekommen sein.
Angeblich war die Liebe einer Frau im Spiel. Wer gewonnen
hat, ist nicht bekannt. Auch einige französische Offiziere, die
sich dem Suff hingegeben und schlicht und einfach den Abzug
verpasst hatten, wurden in einem Lokal im zweiten Sacktore
aufgegriffen.
Die gefangenen Offiziere und Mannschaften erfreuten sich
allerdings einer sehr wohlwollenden Behandlung, da nun niemand mehr auf Blutvergießen aus war.

In den folgenden Tagen sollte es jedoch zu zahlreichen Gefechten rund um die Stadt kommen. Die Franzosen fielen ein weiteres Mal in Graz ein und Hackher zog sich wieder auf den
Schloßberg zurück. Am Abend des 22. Juni war der Schloßberg
wieder vollständig versorgt und für eine neue Belagerung gerüstet.
Die Gefechte im Umland wurden von FLM Gyulai jedoch sehr
unentschlossen geführt und so gelang es den Franzosen alsbald,
das Kriegsglück wieder auf ihre Seite zu ziehen.

DIE GEFECHTE IM GRAZER UMLAND

Der französische General Marmont näherte sich seit dem
6. Juni von Laibach her und marschierte auf Befehl Napoleons
Richtung Graz, um sich zwischen die Verbände von FML Gyu

lai und FML Chasteler – der aus Kärnten und der Untersteiermark anmarschierte – zu schieben. FLM Ignaz Graf Gyulai befand sich bereits seit dem 15. Mai in Marburg und hatte etwa 22.000 Mann unter seinem Kommando. Demgegenüber standen etwa 9000 Mann von Marmont und die 3500 Mann unter Broussier, die aber durch die Belagerung sehr geschwächt waren. Eigentlich lauteten die Befehle von Gyulai, Marmont von Laibach wegzudrängen, doch dieser führte ein Umgehungsmanöver aus, weshalb diese Option zunächst nicht von Priorität war. So richtete sich der Banus nach Graz. Am 23. Juni marschierte er von Marburg ab. Seine Vorhut operierte allerdings schon seit dem 15. Juni südlich von Graz.

Wie geschildert, zwang das herannahende Heer der Österreicher Broussier zum Verlassen der Stadt, um nicht selbst eingeschlossen zu werden. Zwar besetzte er am 23. Juni Graz noch einmal (2. Belagerung des Schloßberges), zog aber am selben Tag wieder ab.

Wäre Gyulai entschlussfreudiger vorgegangen, dann hätte er die Franzosen zweifelsohne in schwere Bedrängnis bringen können, doch die Niederlage von Erzherzog Johann gegen Vizekönig Eugène am 14. Juni bei Raab veranlasste ihn, mit besonderer Vorsicht vorzugehen. Deshalb zögerte der Heerführer zunächst mit dem Vormarsch auf Graz und verlor so wichtige Zeit, in der sich Marmont mit seinen Truppen bedrohlich nahe an die Stadt heranbewegen konnte. Broussier hatte hingegen am Nachmittag des 24. Juni sein Lager bei Gösting aufgeschlagen. Als er Meldung erhielt, dass Marmont bereits bei Voitsberg stehe, beschloss er, ins Grazer Feld vorzurücken und die Truppen Gyulais bzw. dessen Vorhut bei Feldkirchen anzugreifen.

Beim Vorbeizug an der Stadt wurde er vom Schloßberg aus massiv beschossen, blieb jedoch außerhalb des Wirkungsbereiches der Kanonen, sodass er keine Verluste erlitt. Bei Kalsdorf zeigte sich der Vorteil der wesentlich besser geübten französischen Linieninfanteristen. Das 9. Regiment rückte vor und warf die österreichischen Plänklerlinien in einem entschlossen geführten Bajonettangriff zurück. Nur ein beherzter Ausfall der Husaren verhinderte, dass die Linie komplett zusammenbrach. Broussier glaubte daraufhin, gute Chancen gegen Gyulai zu haben, da dieser offensichtlich nur über wenige erfahrene Trup-

General Auguste de Marmont. Porzellanmalerei, um 1809. Nach dem Sieg über Erzherzog Carl wurde er von Napoleon zum Marschall ernannt.

pen verfügte. Die Hälfte seines Verbandes bestand aus kroatischen Aushebungen.

Während Broussier Feldkirchen einnahm und seine Truppen bis Gösting verstreute, konnte Gyulai noch keinen Angriff wagen, da seine Hauptstreitmacht noch bei Wildon im Anmarsch war. Broussier gedachte zusammen mit Marmont am nächsten Tage auf breiter Front gegen Gyulai vorzurücken, doch dieser wechselte in der Nacht auf das andere Murufer und konnte am 25. Juni in Graz einmarschieren; sein Hauptheer lagerte am Glacis und in St. Peter.

Colonel Gambin hatte vorhin noch den Befehl erhalten, mit kleineren Kräften wieder in die Stadt Graz einzumarschieren, und stieß dabei auf die Truppen Gyulais. Dabei gingen die Franzosen äußerst geschickt vor und konnten den strategisch wichtigen RUCKERLBERG besetzen und die Österreicher auf das Glacis zurückdrängen. Gyulai, der nun seine Truppen verstärken ließ, hatte somit die wichtigen Anhöhen im Osten der Stadt verloren.

Gegen 9 Uhr früh des nächsten Tages ging er auf breiter Front zum Gegenangriff vor. Dabei gelang es ihm, den Rosenberg zu besetzen. Die kroatischen Insurrektionstruppen liefen allerdings beim ersten Feindbeschuss auseinander, sodass an der Front nur mehr das Bataillon Erzherzog Franz Carl verblieb. Besonders die Grazer Vorstädte wurden von den Franzosen mit großem militärischem Geschick gehalten. Als diesen die Munition ausging, wagten sie einen kühnen Bajonettangriff auf die kroatischen Truppen, überrumpelten diese und eroberten deren Munitionsvorräte.

In Anbetracht der deutlichen taktischen Überlegenheit von Broussiers Truppen im Felde, ist ihr Versagen bei der Belagerung umso erstaunlicher. Die Person Major Hackhers scheint tatsächlich eine entscheidende Rolle gespielt zu haben, denn nun standen die Österreicher unter einem anderen Kommandanten in der Überzahl einer geschwächten französischen Division gegenüber und schafften es nicht, dieser Herr zu werden.

Am 26. Juni rückte Broussier am rechten Flussufer nach Süden vor, entdeckte die österreichische Reserve bei Fernitz, ließ sofort Kanonen in Stellung bringen und das Lager der Österreicher mit Kartätschen beschießen.

Rund um Graz waren inzwischen heftige Gefechte ausgebrochen. Oberst Gambin hielt sich zunächst sehr gut und konnte die Österreicher mehrmals daran hindern, die Murübergänge zu besetzen. Das 84. Linienregiment unter Jean Hugues Gambin stand dabei ganze 14 Stunden lang im Gefecht und schaffte es, jeglichen feindlichen Ansturm abzuwehren, ehe sich Oberst Nagle mit drei Bataillonen zu ihm durchschlagen konnte. Besonders umkämpft war in der ganzen Zeit das Gebiet rund um den Rosenberg und den Ruckerlberg.

Hackher und Cerrini, die alles von der Festung aus beobachten konnten, äußerten sich erstaunt darüber, dass eine verhältnismäßig geringe Anzahl an Franzosen der großen Übermacht der Österreicher so ausgezeichneten Widerstand leisten konnte. Während der Gefechte rund um Graz soll Gyulai nach eigenen Angaben 1080 Mann verloren haben, während die Franzosen nur 263 Tote zählten. Am 27. Juni war Marmont endlich so weit, mit seiner Division auf Graz vorzustoßen und den Banus anzugreifen.

Doch Gyulai nützte den Vorteil, „noch" im Besitz der Stadt Graz zu sein, nicht aus und marschierte in der Nacht Richtung Fernitz bis nach Gnas ab. Wäre der Feldmarschall mit mehr Entschlossenheit vorgegangen und hätte er seine gesamten Kräfte in den Kampf geworfen, wäre es ihm sehr wahrscheinlich möglich gewesen, das Blatt wieder zu wenden, doch er scheute einen frontalen Zusammenstoß zu sehr, was ihm später heftige Kritik von Erzherzog Johann einbringen sollte.

Deshalb konnte Broussier am Nachmittag des 27. wieder in die Stadt einmarschieren und es kam zur 3. Belagerung der Festung. Noch in der Nacht begann man, gegen die Bürgerbastei Minengänge voranzutreiben, und suchte nach den geheimen unterirdischen Gängen. Doch es kam zu keinem nennenswerten Angriff mehr, sondern lediglich zu einem halbherzigen Beschießen durch Gewehrfeuer.

Auf Befehl Napoleons rückte am 1. Juli das gesamte Korps gegen Wien ab, diesmal ließ Hackher die Franzosen friedlich abziehen, da seine Truppen zu erschöpft waren.

Vom 2. bis zum 3. Juli kehrte Gyulai nach Graz zurück und bewilligte der Schloßbergbesatzung für ihr tapferes Durchhalten eine fünftägige Gratislöhnung.

Leider hatte es der Feldmarschall verabsäumt, den Franzosen rechtzeitig entgegenzutreten, und konnte nun nur mehr die Verfolgung aufnehmen. Der Krieg war entschieden, alle Kräfte rückten nun auf Befehl Napoleons gegen Wien vor und Gyulai hatte das Nachsehen.

Am 12. Juli folgte nach der verlorenen Schlacht bei Wagram der Waffenstillstand, der unter anderem die Übergabe der Festungen Brünn und Graz vorsah. Am 23. Juli erfolgte schließlich nach einiger Verzögerung der Abzug der Garnison. Hackher hatte darauf bestanden, den Übergabebefehl nicht von einem französischen Offizier, sondern nur von seinem Erzherzog persönlich entgegenzunehmen. Württembergische Truppen besetzten daraufhin die Stadt. Hackher allerdings zog unter dem Jubel der Bevölkerung ab und er traf mit seiner Truppe, die stark durch Entlassung und Desertionen gezeichnet war, am 30. Juli in Csakathurn in Kroatien ein.

Nach dem Abschluss des Friedens von Schönbrunn am 14. Oktober beschloss Napoleon höchstpersönlich, die Schande von

Graz zu tilgen und die stolze Schloßbergfestung schleifen zu lassen. Die Sprengungen wurden von französischen Mineuren zwischen dem 16. und 20. November vorgenommen, zahlreiche Häuser rund um den Berg wurden dabei schwer beschädigt. Nur Teile der Bürgerbastei, der Fernberger- und Stallbastei, der Glockenturm sowie der Uhrturm blieben verschont, da die Grazer Bürgerschaft ein stattliches Lösegeld für die Erhaltung dieser Gebäude an Jacques Macdonald, nach Wagram von Napoleon zum Marschall ernannt, gezahlt hatte.

NACHBETRACHTUNG

Mit der Zerstörung der Festung wurde in Graz ein neues Kapitel aufgeschlagen. Für die damaligen Zeitgenossen bedeutete dies einen Bruch mit der Vergangenheit und einen unwiederbringlichen Identitätsverlust. Solange die Grazer zurückdenken konnten, war die mächtige Festungsanlage ein bestimmendes Element ihrer Stadt gewesen. Man lebte im Bewusstsein, einer, stolzen Festungsstadt anzugehören, die sowohl politischen, kulturellen, wirtschaftlichen als auch militärischen Einfluss im gesamten Habsburgerreich genoss.

Obwohl Graz seine Stellung als wichtigste Residenzstadt bereits lange vorher an Wien verloren hatte, zehrte die Stadt von ihrer geschichtsträchtigen Bedeutung. Bislang konnte die Bevölkerung im Bewusstsein leben, stets im Schutze einer unüberwindlichen Festung zu wohnen, die in allen Zeiten zuvor die Stadt vor jedem Feinde erfolgreich beschützt hatte. Nun, da dieses Bollwerk gefallen war, fühlten sich die braven Bürger gleichsam nackt und schutzlos. Man hatte ihnen ihren steinernen Schutzmantel genommen.

Hinzu kam die Demütigung, die das steirische Volk mit dem Fall der Festung empfand. Heutige Generationen können dies vielleicht schwer nachvollziehen, weil wir mit einem völlig anderen Bild des Schloßberges aufgewachsen sind. Wir kennen ihn nur als idyllische Parkanlage, die heute höchstens noch touristische Bedeutung hat. Über Jahrhunderte aber stellte der Berg ein Machtzentrum dar, das nun nicht mehr existierte.

Man stelle sich nur vor, eine andere Nation würde im heutigen

Plakat zur Ausstellung „Die Franzosen und der Schloßberg. Graz 1809"
im Garnisonsmuseum auf dem Schloßberg 1989.

Österreich einmarschieren und z. B. das Schloss Schönbrunn
oder die Hofburg abreißen. Wie unendlich skandalös würden
wir dies wohl finden?

Ähnlich war den Menschen im damaligen Graz zumute.

Dabei hatte die steirische Hauptstadt im Krieg von 1809 keine
wesentliche Bedeutung und lag fernab der wichtigen Kriegsschauplätze. Man mag einen Major Hackher zwar zu Recht als
„Helden" bezeichnen, doch hätte er kapituliert, würde die Festung vielleicht noch stehen.

Tatsache ist, dass diese fallen musste, weil der Stolz der Franzosen verletzt worden war. Eine militärische Notwendigkeit, die Anlagen auf dem Schloßberg zu schleifen, bestand jedenfalls nicht, da diese bereits damals veraltet waren und eigentlich nicht mehr genutzt wurden.

Am Verlauf des Krieges hat die Belagerung von Graz jedenfalls nichts geändert. Überhaupt wäre es für die Franzosen gar nicht notwendig gewesen, die Stadt zu besetzen, da von der Festung aus zwar die Straße entlang der Mur gesperrt werden konnte, doch die wesentlich wichtigeren Ausfallstraßen nach Ungarn und Wien blieben dennoch frei.

Wäre es den Franzosen also nur um einen schnellen Sieg gegangen, hätten sie Graz wohl am besten umgangen. Es ließ sich allerdings mit dem damaligen Ehrenkodex der Generäle nicht vereinbaren, dass eine so wichtige Stadt im Besitz des Feindes blieb, und außerdem war sie als Versorgungsposten einfach sehr verlockend, wenn auch in der Steiermark genügend andere Städte zur Verfügung gestanden wären, die die Franzosen wesentlich einfacher besetzen hätten können.

Auch auf österreichischer Seite ist die militärische Bedeutung zu hinterfragen. Diese bestand nur temporär darin, den Rückzug von Erzherzog Johann zu decken, und selbst dies lässt sich mit der Tatsache relativieren, dass der Feldherr Richtung Ungarn abgezogen war und ebendiese Verbindungsstraßen durch die Schloßbergfestung nicht blockiert werden konnten. In der Gesamtbetrachtung der Napoleonischen Kriege wird die Belagerung von Graz also nur eine Randnotiz bleiben.

Eine genauere Betrachtung offenbart aber dennoch interessante Erkenntnisse: Bis zum Jahre 1809 galt Napoleon als unbesiegbar. Blücher soll einmal gesagt haben, die Präsenz des Korsen auf dem Schlachtfelde mache einen Unterschied von 40.000 Mann aus. Vor drei Jahren erst war das Heilige Römische Reich Deutscher Nation erloschen und Napoleon befand sich auf dem Höhepunkt seiner Macht. Im Laufe des Waffenganges von 1809 bekam sein Glanz allerdings erste Flecken. Nicht nur der Aufstand in Tirol unter Andreas Hofer kratzte am Nimbus der Unbesiegbarkeit, sondern in die endlose Liste gewonnener Schlachten reihten sich erstmals Niederlagen in die Statistik Napoleons ein. Bei ASPERN musste sich die *Grande Armée* nach zweitägigem Ringen unter seiner persönlichen Führung zurückziehen – der erste Schlachtensieg der Österreicher gegen den Korsen überhaupt.

Die Belagerung von Graz, obwohl militärisch unbedeutend, hatte einen psychologischen Effekt. Dieser bestand darin, dass eine kleine, schlecht gerüstete Garnison dem überaus professionellen Heer der Franzosen so lange standhalten konnte. Die Person Hackhers, der mit seiner Sturheit dem Feind gegenüber genau den Nerv des Volkes traf, spielte dabei eine wesentliche Rolle.

Während alle anderen Festungen in jenem Kriegsjahr mehr oder weniger ohne Probleme von den Franzosen genommen werden konnten und sich viele österreichische Kommandeure einfach ruhmlos ergaben, war die Tatsache, dass man Graz gehalten hatte, für viele Zeitgenossen Symbol dafür, dass man doch etwas gegen diesen übermächtigen Feind ausrichten konnte. Man kann es fast mit dem legendären Sieg der österreichischen Fußballmannschaft gegen Deutschland in CÓRDOBA 1978 vergleichen, der später immer wieder zur sportlichen Motivation und Ehrenrettung des österreichischen Fußballs herhalten musste, weil man sonst keine Siege dieser Dimension vorweisen konnte. Deutschland ist bis heute der übermächtige Gegner, der uns immer wieder saftige Niederlagen verpasst, doch wenigstens dieses eine Mal in Córdoba, da haben wir die Deutschen geschlagen und davon zehrt der heimische Fußballerstolz bis heute.

Mit der Schloßbergbelagerung von 1809 verhält es sich ähnlich. Frankreich fügte Österreich dutzende Niederlagen zu und war der schier unüberwindbare Feind, doch dieses eine Mal in Graz, da haben wir ihnen aber ordentlich gezeigt, wo der *Bartl den Most holt*, wie der Steirer sagen würde.

Und diese Symbolwirkung war für die steirische Bevölkerung gerade in den Nachkriegsjahren sehr von Bedeutung, um sich einen gewissen Stolz bewahren zu können. So stilisierte man ein eigentlich unbedeutendes Scharmützel zur unvergesslichen Heldentat. Der kleine Sieg in Graz gewann in den Augen des einfachen Volkes also mehr Bedeutung als die vielen Niederlagen, die eigentlich wesentlich entscheidender waren.

Bestimmt war es den Grazern von damals auch ein kleiner Trost für den Verlust ihrer stolzen Festung, dass diese wenigstens im militärischen Sinne uneingenommen geblieben war.

WIE EIN PHÖNIX
AUS DER ASCHE

In den ersten Jahren nach der Belagerung von 1809 türmte sich über den Dächern von Graz eine Ruine auf. Glanzlos ragten aus dem Trümmerhaufen die wenigen verbliebenen Gebäude hervor und lange Zeit hindurch schien sich niemand um den Schloßberg kümmern zu wollen. Zwar kamen recht bald erste Ideen auf, wie der nackte, kahle Felsen im Herzen der Stadt wieder genützt werden könnte, doch fürs Erste wurden die Pläne aus Geldnot zurückgestellt. Die Aufräumarbeiten sollten einige Zeit in Anspruch nehmen. Dennoch kam es vereinzelt zu neuen Bautätigkeiten auf dem Schloßberg. 1819 wurde auf den Mauern der erhalten gebliebenen Stallbastei ein neues Wachgebäude für die Kanoniere der Alarmbatterie erbaut, das heute Teil des Garnisonsmuseums ist. 1820 ließ der Rechtsanwalt Dr. Bonaventura Hödl, Besitzer einer Ziegel- und Terrakottafabrik, aus den Trümmern eines Pulverturms ein Winzerhaus im neugotischen Stil erbauen; seine Vision war es, die Weinkultur auf dem Schloßberg damit wiederzubeleben. Das kleine Häuschen unterhalb der Stallbastei, direkt hinter dem Türkenbrunnen wurde von der Jahrhundertwende bis 1921 vom Dresdner Hofschauspieler Gustav Starcke (1848–1921) bewohnt, dem es seinen heutigen Namen STARCKE HAUS verdankt. Heute befindet sich darin ein kleines Restaurant mit wohl einem der schönsten Gastgärten der ganzen Stadt.

Der Schloßbergveteran Carl Graf Cerrini, jener treue Gefährte Major Hackhers, errichtete anstelle der gesprengten Torbastei ein kleines Haus, welches er eine Zeit lang bewohnte. Auch das von Bonaventura Hödl errichtete Ägyptische Tor im Außenwall der Stallbastei stammt aus diesem Jahr.

Es kam also hier und da zu Verschönerungsmaßnahmen, doch im Großen und Ganzen präsentierte sich der Berg als felsiges, von Trümmern bedecktes Ungetüm und war vermutlich kein besonders einladender Ort. Wohl kam es um 1830 herum wieder zur Stationierung einer Garnison, wodurch der Schloßberg kurzfristig eine Wiedergeburt als Festungsberg erhielt, doch von seiner einstigen Größe und Bedeutung war man weit entfernt.

Der „Gratzer Schloßberg von der Südseite". Kolorierte Lithografie von Heribert Lampel, 1842 (Detail).

Nach wie vor war der Berg im Besitze des Landesfürstentums und gehörte nicht zum eigentlichen Hoheitsgebiet der Stadt Graz, weshalb eine Neugestaltung auch so lange auf sich warten ließ, denn von Seiten des Landes sah man einfach keine Notwendigkeit zum Handeln.

Erst als LUDWIG FREIHERR VON WELDEN das Divisionskommando in Graz übernahm, sollte sich endlich wieder etwas in Bewegung setzen.

EXKURS: EIN WÜRTTEMBERGER IN GRAZ

Ludwig von Welden war eigentlich gar kein „echter" Österreicher, sondern wurde am 16. Juni 1780 im württembergischen Laupheim geboren. Das Adelshaus der Welden hatte dort nach einem blutigen Bauernkrieg im Jahre 1582 die Herrschaft übernommen und stand stets im Dienste des württembergischen Staates. So trat auch Ludwig 1798 in die Dienste der Armee ein und nahm von 1799–1800 an den Koalitionskriegen teil. Nach der Annexion Württembergs durch Napoleon trat er 1802 in die Dienste Österreichs über.

1809 geriet er zunächst in Gefangenschaft, nahm aber später als Major an der siegreichen Schlacht bei Aspern teil. 1812 diente er unter Fürst Schwarzenberg; als Oberleutnant im Stab der Italienarmee nahm er 1814 bei der Rückeroberung von Mantua teil.

Es folgten weitere verdienstvolle Jahre als Oberst und Brigadier des Pionierkorps. Als Feldmarschallleutnant wurde er schließlich 1838 nach Graz versetzt, wo er das Divisionskommando erhielt. Nach weiteren verdienstvollen Jahren ging er aus gesundheitlichen Gründen 1851 in Pension und lebte bis zu seinem Tod 1853 in Graz.

Bei seiner Ankunft in Graz fand der gealterte Offizier zunächst ein Trümmerfeld auf dem Schloßberg vor, doch er sollte es sich zur Aufgabe machen, diesen neu zu gestalten.

Er entwarf Pläne für eine Parkanlage und setzte diese trotz finanzieller Schwierigkeiten durch. Er ließ durch seine Soldaten neue Wege anlegen, den Schutt beseitigen und zahlreiche Bäume pflanzen. Als Dank dafür benannte man später den am

Der Glockenturm mit den alten Kasematten. Ansichtskarte, um 1900.

Schloßbergplateau befindlichen WELDENPLATZ nach ihm und errichtete ein Denkmal mit seinem Standbild.

Ganze 30.000 Gulden sollen in die Ausgestaltung des ehemaligen Festungsberges gesteckt worden sein. In diesem Zustand sollte der Berg sich in den nächsten Jahren präsentieren und nach und nach gewöhnten sich die Grazer an den neuen Anblick, doch zu dem beliebten Ausflugsziel, welches er heute ist, sollte er noch nicht werden. Er wurde ein Ort der Abgeschiedenheit und des Rückzugs, mit einigen versteckten, romantischen Plätzen, die sich alsbald der Beliebtheit junger Pärchen erfreuten.

Wer damals einen Rundgang durch die zarten, neugeschaffenen Parkanlagen machen wollte, bestieg den Berg am besten von der Nordseite aus, über die Wickenburggasse. Dort führte die ebenfalls nach Welden benannte Straße hoch. Heute präsentiert sich an diesem Hang eine üppige Waldlandschaft, die damals freilich noch nicht bestand. Man wanderte entlang einer Allee aus zierlichen Jungbäumen, die gerade erst gesetzt worden waren und erst im Laufe der Jahrzehnte zu ihrer heutigen Größe heranwachsen sollten. Bereits nach der ersten Anhöhe und der ersten Weggabelung erreichen wir einen kleinen Platz, den der Freiherr selbst gestaltet hat. Dieser abgeschiedene Ort wurde „tiefe Felsschlucht" genannt und ist heute komplett von Bäumen zugewachsen.

Die „Einsiedeley". Ansichtskarte mit Lithografie von Heribert Lampel.

Bei der nächsten Wegkreuzung treffen wir auf die alte Bogenbrücke, die über eine kleine Schlucht führte und Fußgängern das gefahrlose Überqueren ermöglichte. An dieser Stelle standen damals ein kleiner Turm mit einem Strohdach und darunter die in zahlreichen Gedichten beschriebene EINSIEDELEY. Diese kleine Aussichtsplattform war in eine Felsspalte hineingebaut worden. Sie hatte ein strohbedecktes Dach und wurde von Holzpfeilern gestützt. Im Zeitalter der Romantik war dies ein Ort, der genau dem künstlerischen Zeitgeist entsprach. Leider ist davon heute nichts mehr erhalten geblieben.

Ein kleines Stück die Straße hinauf befand sich eine ziemlich steile Steintreppe, an deren Beginn ein überdimensionaler, hölzerner Regenschirm stand, unter dem man auf schattigen Bänken eine Rast einlegen konnte, bevor man sich an den beschwerlichen Aufstieg wagte.

Auch dieser idyllische Ort ist heute nicht mehr erhalten. Weiter geht es in südlicher Richtung entlang eines kleinen Weges, welcher uns durch eine Felsspalte führt, die ebenfalls vom Freiherrn von Welden freigesprengt worden war. Dieser Weg führt direkt zur alten Stadtmauer, die vom Paulustor heraufführt und von der Teile heute noch erkennbar sind.

Weiter geht es zum kleinen Plateau, das als romantische Parkanlage ausgestaltet wurde und auf dem seit 1859 die Weldenstatue steht. In der Nähe befand sich ein alter gotischer Wasserturm, dessen Überreste heute komplett überwachsen sind. Daran anschließend traf man auf die ROSENLAUBE mit einem kleinen Kiosk und dem Musikpavillon. Bis 1945 befand sich auf diesem Plateau noch das Gasthaus „Schweitzerey", das jedoch abgebrannt ist. Von hier aus hatte man damals einen wunderbaren Blick auf das Gebiet von Maria Grün und Maria Trost. In gerader Luftlinie konnte man in einigen Kilometern Entfernung die dortige Barockkirche mit ihren zwei Türmen erkennen. Damals war dieses Gebiet dicht bewaldet und quasi schon *ländlich*.

Es geht weiter zur Nordwestseite der Fernbergerbastei, wo ein kleiner Ruheplatz mit Bänken und Tischen angelegt war. Hier befand sich ein von Welden errichtetes „gotisches Tor". Es geht weiter den schmalen Weg entlang, über eine Brücke, vorbei an der Schloßbergbahn bis zum Fuße der Stallbastei. Dort befanden sich das bereits erwähnte Winzerhäuschen und der Türkenbrunnen, der damals noch ein hölzernes Dach hatte. Etwas oberhalb davon stand damals schon ein kleiner Aussichtspunkt, der heutige CHINESISCHE PAVILLON, der einen wunderbaren Blick, zwischen den Bäumen hindurch, auf die Altstadt von Graz freigibt. Mit Sicherheit einer der schönsten Plätze auf dem Schloßberg und auch einer der schaurigsten. Der steile Felshang direkt unterhalb des Pavillons soll schon des Öfteren Selbstmörder zum Sprung verleitet haben und so manche traurige

Beliebter Aussichtspunkt: der Chinesische Pavillon.

Seele soll noch heute in bestimmten Nächten um den Pavillon herumspuken. Vielleicht ist es nur Einbildung, doch wer schon einmal nachts an diesem Ort verweilt hat, wird das mulmige, beklemmende Gefühl kennen, das einen hier plötzlich überkommt. Es scheint, als würde man von den Bäumen und Büschen ständig beobachtet werden.

Dieser schaurige Eindruck mag auch dem Umstand geschuldet sein, dass der kleine Weg zum Pavillon nicht beleuchtet ist und von zahlreichen Bäumen gesäumt wird, die in der Nacht ihre Schatten auf den Weg werfen.

Durch eine Kastanienallee geht es dann hinunter zum Uhrturm und über die alte Festungsstraße gelangen wir zum Karmeliterplatz am Fuße des Berges.

Es mag am Zeitgeist gelegen haben, dass mit der beginnenden Idealisierung des „Deutschtums" im Biedermeier auch die Geschichte des Schloßberges romantisiert wurde. In den Jahren zwischen 1810 und 1848 entstanden die ersten Publikationen zu seiner Geschichte. Man begann jetzt, wo man kein sichtbares Relikt der Vergangenheit mehr hatte, die Geschichte aufzuarbeiten und in zahlreichen Büchern, Schriften und Erzählungen zu gestalten. Besonders akribisch wurde dabei das Kapitel der Belagerung von 1809 behandelt und aus dem tapferen Major Hackher wurde ein deutscher Nationalheld. Es entstand eine regelrechte nostalgische *Schloßbergmanie*. Man besann sich besserer Zeiten und es kam ein ähnlicher Kult auf, wie wir ihn heute noch rund um Sisi und Co kennen. Historische Ansichtskarten wurden zu einem blühenden Geschäft, Maler und Künstler begannen, sich die verschiedensten Motive des Schloßberges zum Vorbild zu nehmen, und in der Literatur wurde er rauf und runter gedichtet. Die ersten Ansätze von kommerziellem Tourismus wurden sichtbar und schnell fanden sich findige Geschäftsleute, die damit Geld machen wollten. So wirbt ein steirischer Unternehmer bereits 1825 mit einer Ausflugsreise auf den *Schloßberg zu Grätz*.

Der Name wurde alsbald auch als Markenzeichen verwendet. Nicht nur „Schloßberg-Hotel" oder „Schloßberg-Bahn" wurden zu einem Begriff, auch viele Produkte wurden nach dem Grazer Hausberg benannt. So gab es in einigen Wirtshäusern das beliebte „Schloßbergbier", bei den Bäckern den „Schloßbergstollen" (länglicher Brotlaib), sogar der Versuch, den Weinbau wieder aufzunehmen, wurde unternommen und eine Zeitlang warb man auch mit dem *Schloßberger Wein*, der sich aber wohl zu Recht schlecht verkaufte und aus wirtschaftlichen Gründen wieder aufgegeben wurde.

In dieser romantischen, verklärten Zeit rückten vor allem auch die verbliebenen Gebäude auf dem Berg ins Bewusstsein der Menschen, allen voran der Uhrturm. In den Jahrhunderten zuvor war er immer nur als ein Teil der Festung wahrgenommen worden, doch nun trat er in den Vordergrund und man sprach erstmals vom *Grazer Uhrturm* als bestimmtem Begriff. Darstellungen auf unzähligen zeitgenössischen Ansichtskarten und Stadtansichten ließen ihn überregional bekannt werden. So entwickelte er sich mehr und mehr zum bestimmenden Identifikationssymbol für die Stadt Graz und zu ihrem bekanntesten Wahrzeichen.

REVOLUTION UND MEUTEREI

Im Jahre 1848 brach in vielen Teilen Europas die große bürgerliche Revolution aus. Bereits ein Jahr zuvor gingen in Graz die Leute auf die Straße, da sie die ausufernde Beamtenwillkür, die Privilegien des Militärs und die in allen Bereichen des Lebens spürbare Teuerung nicht mehr hinnehmen wollten. Als es im Dezember 1847 zu einem massiven Kursverlust von Aktien und Wertpapieren kam und die wildesten Gerüchte im Umlauf waren, stürmte eine aufgebrachte Menschenschar die 1825 gegründete Steiermärkische Sparkasse und verlangte ihr Geld zurück. Es hat sehr zum späteren Vertrauen in das System der Sparkassen beigetragen, dass die Steiermärkische den Forderungen nachkam und unverzüglich alle verlangten Auszahlungen in Auftrag gab.

Besonders geprägt wurde die Steiermark in dieser Zeit durch einen Mann, nämlich Erzherzog Johann. Er setzte wesentliche Reformen durch, modernisierte die Wirtschaft des Landes und gründete das erste Landesmuseum in Österreich, das nach ihm benannte JOANNEUM. Eine weitere Gründung Johanns ist das erste steirische Versicherungsinstitut, die Grazer Wechselseitige;

Rosenlaube und rustikaler Kiosk. Lithografie von Heribert Lampel, 1842

viel investierte der tatkräftige Habsburger in Bildung und For-
schung, besonders auf dem Gebiet des Bergbaus. Dank der von
ihm angestoßenen Reformen blieb es im Revolutionsjahr 1848
in der Steiermark relativ ruhig.

Als in Paris erneut die Republik ausgerufen wurde, kam es auch
in Wien zur offenen Revolte. Am 13. März 1848 flüchtete der
verhasste Staatskanzler Fürst Metternich aus seinem Amt; nach
der Niederschlagung der Revolution im Oktober 1848 kam ein
neuer, junger Kaiser an die Macht: Ferdinand I. dankte zu
Gunsten von Franz Joseph I. ab, der am 2. Dezember 1848 den
Thron bestieg. In der Frankfurter Paulskirche tagte erstmals ein
frei gewähltes Parlament der Staaten des Deutschen Bundes,
großes Ziel war die Ausarbeitung einer gesamtdeutschen
„Reichsverfassung"; ein Grundrechtekatalog wurde beschlossen
und Erzherzog Johann zum Reichsverweser gewählt,

Die Entwicklungen dieses Jahres gingen auch in Graz nicht
spurlos vorüber. Am 29. April tagte der Landtag zum letzten
Mal in seiner mittelalterlichen Zusammensetzung, die streng
nach Ständen organisiert war. In Zukunft sollten auch Bürger-
und Bauernstand stärker einbezogen werden. Viele Hoffnun-
gen der Revolution sollten sich jedoch nicht erfüllen. Der österreichische Reichstag sowie die Frankfurter Nationalversamm-
lung wurden wieder aufgelöst, Erzherzog Johann legte sein Amt

Das Feuerwachhüttchen, bekannt auch als „Panoramahütte".
Lithografie von Heribert Lampel, 1842.

nieder und zog sich aus der Politik zurück. Nur einmal noch
sollte er eine demokratisch legitimierte Aufgabe übernehmen,
nämlich als er 1850 in Stainz, wo er ein Schloss als ständigen
Wohnsitz besaß, zum ersten frei gewählten Bürgermeister
wurde. Johann sollte der einzige Habsburger bleiben, der jemals
ein demokratisches Amt bekleidete.

Für das von Franz Joseph und seinen Ministern absolutistisch
regierte Österreich sollten jedoch schwere Zeiten anbrechen und
auch auf dem Grazer Schloßberg war es mit der Romantik vorerst wieder vorbei: Nach 39-jähriger Pause wurde er wieder zur
Festung erhoben und teilweise ausgebaut. Am oberen Plateau
errichtete man Palisaden und eine ständige Militärgarnison
bezog wieder Stellung und sollte dort für weitere acht Jahre
ihren Dienst tun.

Von FREIHERR VON KALCHBERG, der 1850 Kommandeur des
Kastells auf dem Grätzer Schloßberg wurde, ist uns ein Buch aus
dem Jahre 1856 überliefert, das sich eingehend mit dem Berg
und seiner Umgebung zu dieser Zeit beschäftigt.

Zwar blieb die Parkanlage weiterhin erhalten und für die
Öffentlichkeit zugänglich, das Plateau allerdings wurde für das
Militär reserviert. Doch wer nun denkt, dass es zu einer Wiedergeburt der einstigen Festung kam, irrt. Lediglich ein hölzernes Fort wurde zunächst errichtet, das zur Unterbringung der

Soldaten diente. Die Garnison war klein und bescheiden ausgestattet, angeblich ist zunächst eine einzige Kanone zur Verfügung gestanden und diese war nicht etwa zur Abwehr von feindlichen Heeren gedacht, sondern diente nur als militärisches Demonstrationsobjekt.

Hintergrund für die neuerliche Stationierung von Truppen auf dem ehemaligen Festungsberg dürfte das Revolutionsjahr 1848 gewesen sein. Graz war zu jener Zeit nach wie vor ein bedeutender Garnisonsstandort, doch verfügte die Stadt über keinerlei Verteidigungswerke mehr. Mit dem neu errichteten Kastell wollte man vermutlich eine starke Position beziehen, von der aus zukünftige Volksaufstände leicht niedergeschlagen werden konnten. Alle anderen Truppenquartiere lagen im Stadtgebiet und wären somit auch dem direkten Zugriff der Bevölkerung ausgesetzt gewesen, nicht jedoch der Schloßberg.

Zu einer militärischen Verwendung sollte es jedoch nicht mehr kommen. Zwar dürfte es Pläne gegeben haben, die Festung zu einstiger Größe wieder auszubauen, doch diese zerstreuten sich sehr bald im Strudel der allgemeinen Finanzschwierigkeiten, die das Kaisertum Österreich erfassten.

Allerdings erfuhr die provisorische Festung mehrmals Anerkennung durch hohen Besuch. 1851 stattete ihr König Friedrich August von Sachsen einen Besuch ab; ihm folgte im nächsten Jahr der junge Kaiser Franz Joseph I.

Ein Höhepunkt war 1853 die Ballonfahrt des Franzosen EUGÈNE GODARD, die auch über Graz hinwegführte. Zu diesem Zweck wurde das Kastell zu einer kleinen Showbühne umgewandelt und die Generalität und zahlreiche hohe Offiziere versammelten sich hier, um dem Spektakel beizuwohnen. Damals war ein Heißluftballon am Himmel noch eine Attraktion.

Sehr bald entwickelte sich die kleine Garnison auf dem Schloßberg zu einem Sammelbecken übler menschlicher Gewohnheiten. Da die Soldaten keine wirkliche Aufgabe hatten und auf dem Berg auch von jeglichen Vergnügungen und Ablenkungen der Stadt abgeschnitten waren, kam es oft zu Trunkenheit und Spielsucht unter den Männern. Es herrschte ein lasches Regiment und die Dienstpflichten wurden allgemein vernachlässigt. In früheren Zeiten waren die Soldaten, die auf dem Schloßberg dienten, stets hoch angesehen gewesen und die Veteranen von

1809 genossen sogar höchste Verehrung unter der Bevölkerung. Für manche patriotische Gastwirte war es eine Ehre, von einem Schloßbergveteranen keine Bezahlung zu verlangen, und bei keiner öffentlichen Veranstaltung in der Stadt durfte eine Abordnung derselben fehlen.

Doch die Trunkenbolde, die nun in dem kleinen, kläglichen Fort ihren Dienst versahen, waren alles andere als beliebt. Man sprach von der *Freizeitkaserne* oder dem *Festungs-Hotel*. Man sollte glauben, dass die Soldaten zumindest gerne dort stationiert waren, da der Dienst nicht sonderlich schwer war. Doch damals galt es als schändlich, während seines Militärdienstes zur Untätigkeit verdammt zu sein. Der Soldat sollte sich ständig im Kriegshandwerk erproben und keine Faulheit erkennen lassen. Auf den Schloßberg versetzt zu werden, galt also eher als Demütigung für einen Soldaten.

Im Jahre 1854 – noch immer verfolgte Franz Joseph einen neoabsolutistischen Kurs – traf dieses Schicksal einen jungen Leutnant namens Max Graf Barbo. In seinem 1906 erschienenen Buch *Aus vergangener Zeit. Jugenderinnerungen* schildert Barbo eine „Meuterei" auf dem Schloßberg, die für beträchtliches Aufsehen sorgte. Damals war der feine und gebildete Freiherr von Kalchberg noch Festungskommandant und führte ein sehr humanes Regiment. Die Garnison bestand nur aus einer Infanteriekompanie und einer Abteilung Artillerie. Um dem schlechten Ruf der Festung etwas entgegenzusetzen, wurde von ihm ein strenger Hauptmann als Kompanieführer eingesetzt. Dieser verstand seinen Auftrag, auf dem Berg für Ordnung zu sorgen, etwas falsch, denn er ließ die Soldaten unentwegt exerzieren und mit den Waffen üben. Der fanatische Offizier und sein treu ergebener Oberleutnant bezogen Quartier im Glockenturm und ließen dort sogar Feldgeschütze aufstellen, die sie bei Lust und Laune auch gerne mal auf den Kasernenhof richteten und diese abzufeuern drohten, wenn ihre Männer mal wieder nicht ordentlich im Takt marschierten.

In der Fastenzeit wollte der Kommandant Kalchberg seinen Untergebenen aber eine Schonung gewähren und so wurde per Regimentsbefehl ein leichter Dienst veranlasst. Der strenge Hauptmann kümmerte sich aber darum wenig und ließ die Garnison weiterhin unentwegt exerzieren; bei schlechter Leistung verhängte er drakonische Strafen. Nun wurde es einigen Männern zu viel – am Karfreitag weigerten sich vier Korporäle, auf dem Festungsplatz anzutreten. Der Oberleutnant und Stellvertreter des Kompanieführers ließ diese daraufhin mit dem Bajonett aus den Unterkünften treiben.

Diesem „Argument" konnten sich die vier Soldaten nicht verschließen, es blieb ihnen nichts anderes übrig, als mit der restlichen Truppe zu exerzieren. Nach dem Dienst wurden die Korporäle zur Strafe in den Arrest gebracht, wo sie sich betranken und anschließend randalierten.

Der Hauptmann ließ die vier Aufwiegler daraufhin noch am selben Abend in Eisen legen und in das Stockhaus abführen. Dort fällte er ein schnelles Kriegsgericht und verurteilte die Angeklagten hart. Alle wurden degradiert und ihr Rädelsführer zu unglaublichen 4800 Stockhieben verurteilt. Der arme Mann musste am folgenden Tag im Hof der Dominikanerkaserne einen Spießrutenlauf durch eine von 300 Soldaten gebildete „Gasse" antreten. Die drei anderen „Mittäter" erhielten hingegen nur 60, 40 und 20 Hiebe.

Festungskommandant Kalchberg war darüber dermaßen entsetzt, dass er anordnete, solche Strafen in Zukunft auszusetzen. 1855 wurde das Spießrutenlaufen, ein Unmenschlichkeit, die längst dem Zeitgeist widersprach, endlich in der ganzen Armee abgeschafft, eine Maßnahme, die in Preußen etwa schon 1806 erfolgt war.

Der Vorfall löste jedenfalls ein starkes Echo in der Bevölkerung aus und es wurden Stimmen laut, die forderten, dass die Garnison auf dem Schloßberg wieder aufgelöst werden sollte, da sie keinem Zweck diente und die dort stationierten Männer nur auf dumme Gedanken kämen. Die Forderung fand Gehör und so wurde die Festung nach nur acht Jahren wieder aufgelöst und die Besatzung abgezogen. Das Holzkastell wurde abgetragen und die Palisaden wieder entfernt. Fortan besaß der Berg ausschließlich zivilen Charakter und es kehrte wieder Ruhe ein. So wie die Festung ein zweites Mal auferstanden war, so kam nun auch die Romantik ein zweites Mal zurück. Von nun an beschäftigte man sich mit der weiteren Ausgestaltung der Parkanlagen.

ERHOLUNGSRAUM FÜR DIE STADT

In den folgenden Jahren entbrannte eine lebhafte Debatte darüber, wer nun eigentlich für den Schloßberg zuständig sei. Das Militär hatte endgültig das Interesse daran verloren und Stadt und Land schoben sich gegenseitig die Verantwortung für die Erhaltung der Parkanlagen zu.

In der zweiten Hälfte des 19. Jahrhunderts erlebte die Stadt eine großzügige Begrünung und es wurde sehr viel Geld in die Hand genommen, um ein neues Erholungsgebiet zu schaffen. Noch immer hatte Graz ein Stadtbild, das sehr von den alten Festungsanlagen geprägt war. Die innere Stadt war noch immer geprägt durch ihr geschlossenes, von den einstigen Stadtmauern umgebenes Gassengewirr. In Zeiten der industriellen Revolution brauchte die Bevölkerung aber immer mehr Raum zum Leben und so hielt man es für angebracht, die Stadtentwicklung voranzutreiben. In den folgenden Jahrzehnten sollten auch noch die letzten Spuren verschwinden, die an den einstigen Charakter einer Festungsstadt erinnerten.

1869 wurde vom Grazer Bürgermeister Moriz Ritter von Franck der STADTVERSCHÖNERUNGSVEREIN gegründet. Dieser von großzügigen Geldgebern finanzierte Verein kümmerte sich fortan um die Betreuung und Gestaltung der städtischen Grünanlagen. Nicht nur der Stadtpark in seiner heutigen Form entstand dadurch, sondern 1873 übernahm der Stadtverschöne-

Graz. Uhrturm.

Brunnen der großen Zisterne auf dem Schloßbergplateau mit schmiede-
eiserner Haube.

rungsverein auch die Aufgabe, den Schloßberg weiter auszuge-
stalten.

Die Gelder für die weitere Begrünung der Anlage wurden
zunächst noch vom Land Steiermark zur Verfügung gestellt und
später von der Stadtgemeinde Graz aufgebracht. Vor allem die
Westseite des Berges wurde in zweijähriger Tätigkeit neu angelegt, es entstanden malerische Aussichtspunkte und idyllische
Wege.

Besonderes Augenmerk wurde aber auf die Umgestaltung des Plateaus gelegt. Dieses trug immer noch die Reste der zweiten Festung, welche nun vollständig entfernt wurden. Es wurde eine schöne Parkanlage mit Wiesen, Blumengärten und Baumalleen angelegt. Sitzbänke und Wegweiser folgten. 1897 wurde die Zisterne von dell'Allio mit einer Brunnenlaube aus Schmiedeeisen überdacht, die heute noch erhalten ist.

Schließlich verpachtete das Land Steiermark den Schloßberg für zunächst drei Jahre an den Verein. Der entsprechende Vertrag wurde am 31. Jänner 1882 ausgestellt. Damit war der erste Schritt getan, die Besitzhoheit über den Berg stückweise an die Stadt Graz zu übertragen. Doch erst nach dem Ersten Weltkrieg, als der Verein in finanzielle Nöte geraten war und für den Erhalt der Parkanlagen nicht mehr garantieren konnte, sollte der Schloßberg endgültig im Jahre 1921 an die Stadt Graz übergehen, die sich fortan auch um die Grünanlagen kümmern musste.

Bereits 1880 hatte man die Verhandlungen mit dem Land begonnen und die Übernahme vorbereitet. Am 17. Dezember 1884 wurde von höchster Stelle der Beschluss des Landtages bewilligt, den Schloßberg der Stadt Graz zu schenken. Am 17. April 1885 erfolgte die feierliche Übergabe. Der Vertrag sah vor, dass alle dem Land Steiermark gehörenden Häuser, Straßen und Wege sowie alle Grünanlagen mit ihren dazugehörenden Bauten an die Stadt abgetreten werden. An diese Schenkung knüpfte sich die Bedingung, dass die Stadt Graz niemals Teile des Berges oder ihn als Gesamtes verkaufen oder ihn einer anderen Benutzung als jener eines Erholungsgebietes zuführen dürfe. Bis heute ist diese Widmung aufrecht geblieben, obwohl es schon viele Versuche gab, den Berg wieder für andere Zwecke zu nutzen.

SCHÖNE NEUE
AUSSICHTEN

Seit den Tagen des Freiherrn von Welden, der mit der Neu-gestaltung des Schloßberges begonnen hatte, wurde eine lebhafte Debatte darüber geführt, wie denn der Berg letztend-lich aussehen solle. Mit der aufkommenden Industrialisierung wurde auch die Fantasie der Menschen beflügelt und während überall in der Welt moderne Prestigebauten entstanden, die das gigantomanische Selbstverständnis einer neuen modernen Zeit repräsentierten, wie z. B. der Eifelturm in Paris oder die Tower Bridge in London, so wurden auch in Graz Stimmen laut, den Schloßberg ganz nach den Vorstellungen des Zeit-geistes zu erschließen. Größer, höher und vor allem teurer sollte es werden.

Die Parkanlage war vielen Zeitgenossen nicht genug. Man erkannte bereits damals das enorme touristische Potential des Schloßberges und so manche Architekten wünschten sich, dass Graz mit extravaganten Bauten in die obere Liga der europäi-schen Städte einsteigt. Noch immer war das Selbstverständnis in Graz vom Status als ehemalige Residenzstadt der Habsburger geprägt und in den sogenannten GRÜNDERJAHREN, die in allen wirtschaftlichen Bereichen zu enormem Aufschwung führten, sollte Graz wieder zu seiner einstigen Bedeutung heranwach-sen.

Um dem neuen Stadtbild etwas Einzigartiges zu verleihen, war der Schloßberg wie geschaffen. Kaum eine andere Stadt in Europa konnte mit so einer Topographie aufwarten. Der alte Festungsberg überragte alles und präsentierte sich wie eine stei-rische Akropolis. Bereits 1885 zog die Verlegerin Rosa von Gerold in ihren Reiseberichten *Ein Ausflug nach Athen und Corfu* den Vergleich mit diesem antiken Vorbild.

Kaum war dieser Gedanke unters Volk gebracht, überschlugen sich auch schon die Vorschläge, was man nicht alles auf dem Schloßberg bauen könnte. Einige dieser Pläne wurden sehr kon-kret. So plante der Architekt MATTHIAS SEIDL, über den Dächern von Graz ein kulturelles „Pilgerzentrum" im neo-klassizistischen Stil zu errichten. Auf dem Fundament der Stallbastei wollte er

Blick vom Schloßberg auf die Grazer Altstadt. Ansichtskarte, um 1900 (Detail).

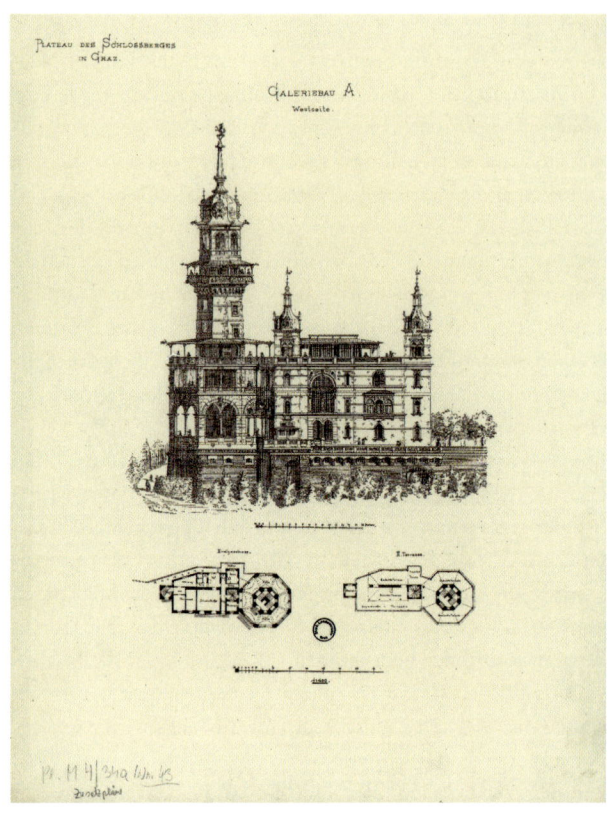

Entwurf des Architekten Matthias Seidl für eine „Galerie" mit Aussichts-turm.

ein riesiges Konzerthaus errichten. Seinen Vorstellungen nach sollte die Bühne nach hinten geöffnet werden können, so dass die Schauspieler vor dem Panorama der nächtlichen Stadt spielen konnten und man vom Hauptplatz aus das Spektakel mitverfolgen konnte. Der gigantische Kulturbau sollte mit Scheinwerfern bestrahlt werden und hätte ausgesehen wie ein antiker Tempel. Eine Monstrosität, die weit und breit sichtbar gewesen wäre.

Einigen Zeitgenossen gefiel die Idee so gut, dass man sogar den Bau des Opernhauses in der Stadt dafür aufgeben wollte. Auch der berühmte Heimatdichter PETER ROSEGGER konnte sich dieser Vorstellungen nicht erwehren und pries in seiner Zeitschrift

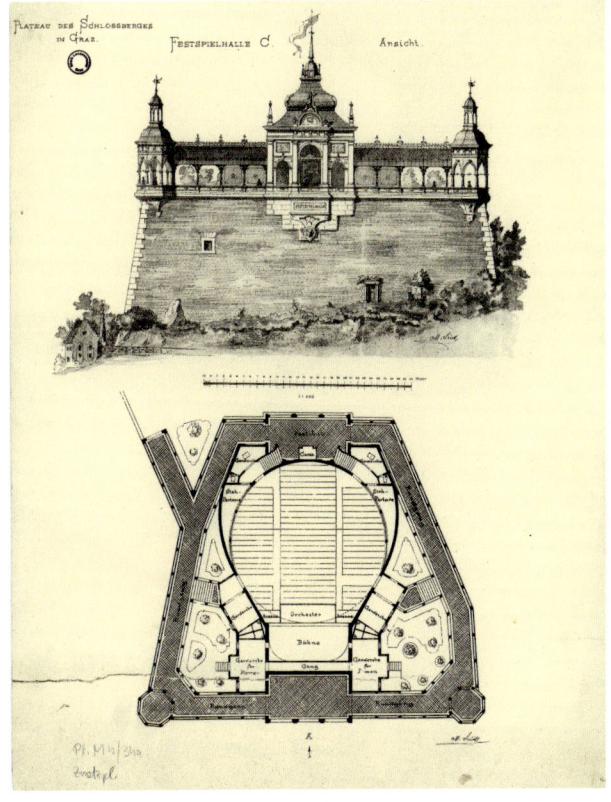

Plan für eine große Festspielhalle auf der Stallbastei von Matthias Seidl.

Heimgarten die Vorzüge eines solchen Projektes und nannte es
Die Krone des Schloßberges.

Keine Frage – wäre das Bauvorhaben Seidls in die Tat umgesetzt worden, wäre damit ein einzigartiges Monument entstanden, das in dieser Form keine andere Stadt in Europa hätte vorweisen können. Bestimmt wäre Graz damit weltberühmt geworden, doch vermutlich auch Pleite gegangen.

Mit dem Konzerthaus alleine war es noch nicht getan. Am
Schloßbergplateau, dort, wo sich heute ein Restaurant befindet, sollte eine weitläufige Galerie mit Museen, Boutiquen und
Geschäften entstehen. Vereinfacht gesagt: ein frühes Konzept
eines Shopping-Centers auf dem Schloßberg. Freilich hätte dies

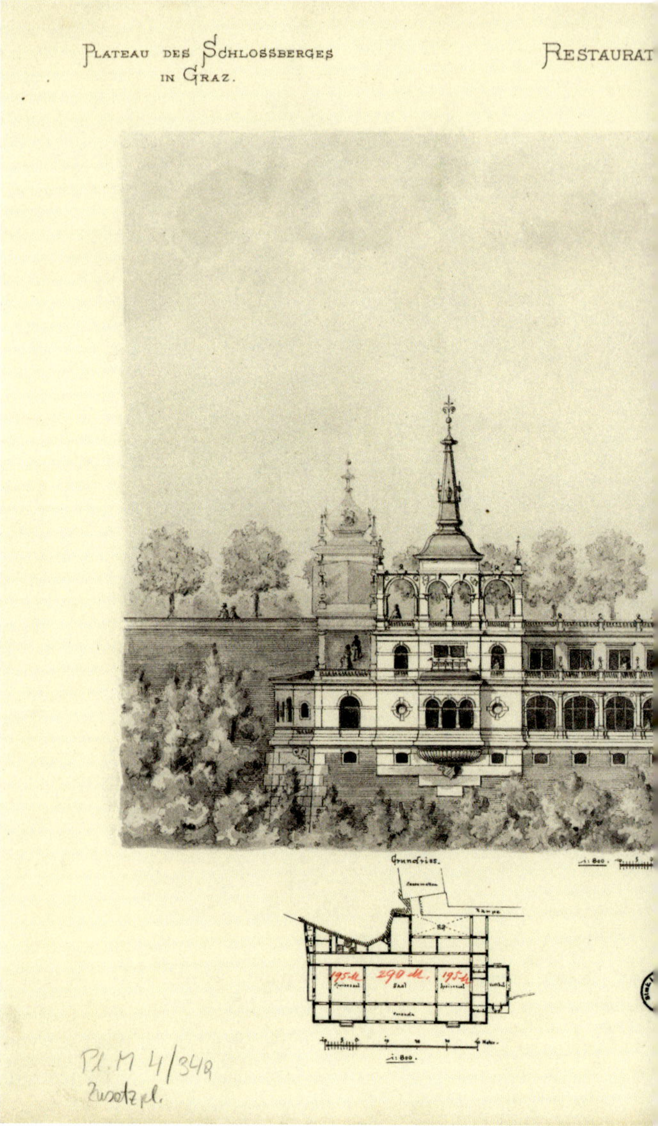

Plateau des Schlossberges
in Graz.
Restaurat
Grundriss.
195 M.
290 M.
195 M.
Saal
1:800
Pl. M 4/348
Zusatzpl.

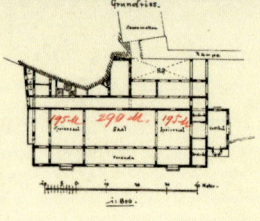

BÄUDE B.

Ein Ort großbürgerlicher Repräsentation: das von Matthias Seidl geplante Restaurationsgebäude.

wesentlich schöner ausgesehen als die grauen Betonkästen, die heutzutage überall an den Rändern unserer Städte hervorwachsen, doch auch dieses Vorhaben hätte ein beträchtliches Vermögen verschlungen.

Daneben sollte der Glockenturm zum Aussichtsturm ausgebaut und das gesamte Plateau zu einer Flaniermeile mit Lokalen, Geschäften und einem Museum umgestaltet werden. Nach heutigen Maßstäben unbezahlbar.

Im Laufe der Jahre wurden die Schloßbergfantasien um weitere Projekte ergänzt. Mit dem Beginn des TECHNIKZEITALTERS sollte eine Eisenbahnstrecke auf den Schloßberg führen, damit die Menschen bequem den Berg erklimmen können. Ein Teil dieser Idee wurde in der später tatsächlich gebauten SCHLOSSBERG-BAHN umgesetzt.

Mit dem Aufkommen der Fliegerei sollte auf dem Plateau auch der erste Flughafen von Graz entstehen. Auch ein Anlegeplatz für Zeppeline war geplant. Der Schloßberg sollte die erste Anlegestelle für alle Reisenden sein, die nach Graz kommen.

Die unglaubliche Fülle von Ideen veranlasste sogar eine Satire-Zeitschrift, ein Bild zur Schloßbergverschönerung zu veröffentlichen, das den Berg als chaotisches Sammelsurium der kuriosesten Bauprojekte zeigt. Aus all diesen Plänen wurde natürlich nichts. Da ihre Umsetzung in erster Linie viel zu teuer gekommen wäre, formierte sich eine breite Front von Bürgerinitiativen dagegen. Auch damals beäugte der einfache Bürger solche gigantischen Bauvorhaben argwöhnisch und betrachtete sie als unnötige Verschwendung öffentlicher Gelder. Doch teilweise waren die Pläne schon sehr konkret und möglicherweise wäre tatsächlich noch das eine oder andere Gebäude errichtet worden, wäre dann nicht der Erste Weltkrieg dazwischengekommen. Dieser beendete schließlich alle Träumereien und die folgenden Generationen sollten wieder auf den Boden der Tatsachen zurückkehren.

WIR BRAUCHEN EINE BAHN!

Am besten gleich zwei! Denn im Jahre 1887 hatte man bereits begonnen, über die Errichtung einer Seilbahn auf den Schloß-

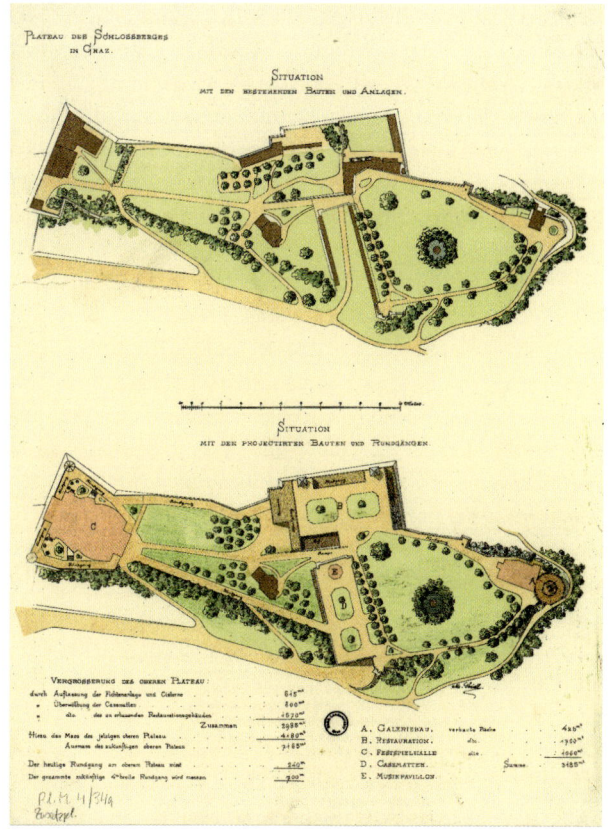

Gesamtübersicht des Schloßbergplateaus mit den von Matthias Seidl geplanten Prestigebauten.

berg nachzudenken. Historische Aufzeichnungen belegen bereits eine Seilbahn um das Jahr 1528. Damals wurde diese genutzt, um Material für den Neubau der Festung auf den Schloßberg zu bringen. An diese Tradition wollte man nun anschließen.

Mehrere Projekte wurden ausgearbeitet und für die Vorarbeiten Konzessionen erteilt. Unter der Auflage, das Landschaftsbild nicht zu zerstören, sollte zunächst eine Trasse am Osthang entstehen, etwa dort, wo sich heute das Paulustor befindet. Dies war den Projektanten allerdings zu weit vom Stadtkern entfernt und man fürchtete, dass die Bahn deshalb nicht rentabel geführt

werden könne. Also plante man die nächste Trasse vom Schloßbergplatz weg. Diese sollte zunächst bis zum Uhrturm hoch-
führen. Damit aber möglichst viele Menschen in den Genuss
der neuen Mobilität kommen könnten, plante man, die Talsta-
tion mit einem Tunnel mit dem Geidorfplatz zu verbinden. So
wollte man auch einen Ausgleich zum ersten vorgeschlagenen
Standort schaffen. Schließlich einigte man sich auf die heutige
Position der Bahn und am 21. Juli 1893 wurde ein Vertrag zwischen der Stadtgemeinde Graz und der neu gegründeten
SCHLOSSBERGBAHNGESELLSCHAFT unterzeichnet.
In diesem wurde festgehalten, dass die gesamte Bahnanlage nach
einer Dauer von 50 Jahren in den Besitz der Stadt übergehen
sollte. So kam es, dass nun doch eines der vielen Projekte umgesetzt wurde. Etwa ein Jahr lang wurde an der Anlage gebaut und
am 25. November 1894 fand schließlich unter dem Beifall der
Bevölkerung die Eröffnung statt.
Zuerst wurde die Strecke noch mit Dampfwagen befahren, was
sich bald als unrentabel herausstellte, vor allem, weil neue Tech-
nik die Betriebsweise wesentlich verbilligte. Deshalb wurde im
Jahre 1900 auf einen elektrischen Antrieb umgestellt. Dies
erfolgte durch die GRAZER TRAMWAYGESELLSCHAFT, welche fortan
den Betrieb der Schloßbergbahn übernahm.
Zu dieser Zeit wurden Stimmen laut, die verlangten, eine zweite
Fahrtrasse anzulegen, um auch die übrigen Stadtteile besser an
den Schloßberg anzuschließen. Die bereits bestehende Bahnstrecke lag damals noch etwas ungünstig außerhalb des Stadt-
kerns und gerade die bürgerlichen Bezirke wie Geidorf, St. Peter
und Jakomini forderten eine zweite Bahnstrecke auf der Ostseite des Berges. Dagegen ging allerdings der Stadtverschönerungsverein wegen großer Naturschutzbedenken massiv vor,
weswegen die Idee wieder verworfen wurde.
Anfänglich konnte jeder der beiden eingesetzten Waggons 32
Personen befördern, allerdings waren nur halb so viele Sitzplätze
vorhanden. Mit einem Eigengewicht von 5,6 Tonnen mussten
sich diese über 210 Meter hochschlängeln. Insgesamt wurde ein
Höhenunterschied von 108,30 Metern überwunden, um auf
das Schloßbergplateau zu gelangen.
Am 18. März 1943, nach 50 Jahren Betrieb, wurde die Bahn
schließlich der Stadt Graz übergeben; seit dem Jahr 1948 ist sie

Graz. Partie an der Schloßberg-Drahtseilbahn mit Ausblick gegen die Murenge

Eröffnet am 25. November 1894: die Schloßbergbahn. Ansichtskarte, um 1900.

Teil der Grazer Verkehrsbetriebe, der heutigen HOLDING GRAZ LINIEN.

1961 wurde die Bahn erstmals erneuert. Im Zuge des Neubaus des Schloßbergrestaurants kam es zu einer Modernisierung der Zahnradstrecke, welche 4 Millionen Schilling verschlang. Am 9. Juni 1961 wurde diese Strecke in Betrieb genommen. Die neuen Wagen fassten nun 42 Personen und wogen 6,15 Tonnen. Die alten Schienen hatte man ausgetauscht und man war nun auf zwei Gleisschienen mit einer Schienenzangenbremse umgestiegen. Damit wurde auch die Sicherheit erhöht, obwohl die Bahn in ihrer bisherigen Betriebszeit unfallfrei geblieben war.

Die neueste Generation der Schloßbergbahn wurde nach weiteren 43 Dienstjahren am 29. Februar 2004 in Betrieb genommen.

Die 2,5 Millionen Euro teure Neugestaltung der Wagen war ein Projekt der FH Joanneum für Industrial Design gewesen und sollte die veraltete Schloßbergbahn zu einer echten Panoramabahn machen.

Mit modernsten Glaswagons wollte man ein neues Erlebnis schaffen. Tatsächlich ist eine Fahrt mit der Schloßbergbahn ein einmaliges Erlebnis. Besonders nachts, wenn die Stadt wunderbar beleuchtet ist, hat man von den Glaswagen eine ganz außergewöhnliche Sicht auf Graz.

Graz. Schloßberg. Zukunftsbild

Zusammen mit der Zahnradbahn wurde 1893 auch die Konzession zur Betreibung einer Gaststätte erlassen. Auf der ehemaligen Fernberger-Bastei wurde neben der Bergstation ein Restaurant erbaut. Dieses wies in der Anfangszeit auch einen Konzertsaal auf. Hier wurde also eine weitere Idee in verkleinerter Form umgesetzt.

Mit dem Restaurant in der Bahnstation war der Grundstein für einen lebhaften Gastronomiebetrieb geschaffen, doch dieser war keineswegs der erste auf dem Schloßberg. Wie wir bereits

Ein Flugplatz am Schloßberg: Visionen bezüglich seiner zukünftigen Nutzung, um 1910.

erwähnt haben, gab es auf der Ostseite das Schweizerhaus, welches vor allem für seinen Panoramaausblick beliebt war.

Weites gab es nun seit 1843 Helle's Gasthaus an der Auffahrt zum Uhrturm und das Gasthaus „zur Hochalpe", welches 1871 von „D'Almbrüder z' Graz", dem ältesten österreichischen Trachten- und Wohltätigkeitsverein, gegründet worden war. Dieses war an den Glockenturm angebaut gewesen. Mit dem neuen Gastronomiebetrieb als Konkurrenz konnte es allerdings bald nicht mehr rentabel geführt werden und wurde daher 1895 geschlossen. Im Schloßbergmuseum erinnert heute noch ein altes Foto daran.

1943 übernahm die Stadt schließlich auch das Restaurant, welches ebenfalls 1960–1961 zusammen mit der Schloßbergbahn ausgebaut wurde. Bei den Bauarbeiten wurden damals die Überreste der Löwengrube entdeckt, einer alten Zisterne, die bereits seit dem Mittelalter existierte, aber lange verschollen gewesen war.

2004 wurde auch dieses Restaurant wieder völlig neu gestaltet. Heute kann man hier vor dem beeindruckenden Graz-Panorama kulinarische Köstlichkeiten genießen. Vermutlich der beste Ausblick der ganzen Stadt!

ZWEIHUNDERTSECHZIG STUFEN UND DIE HÄNGENDEN GÄRTEN VON GRAZ

Im Jahre 1911 wurde ein Schloßbergfonds ins Leben gerufen, mit den Erträgen daraus wollte man die Errichtung einer Stiege von der Sackstraße bis zum Uhrturm finanzieren. Mit diesem Steig konnte aber erst im Jahre 1914 begonnen werden und die Bauarbeiten wurden alsbald durch den Ersten Weltkrieg unterbrochen. Als man nach Lösungen suchte, den Bau fortzusetzen, wurde vorgeschlagen, das in Graz stationierte Infanterieregiment Nr. 27 sowie eine große Anzahl russischer Kriegsgefangener heranzuziehen. 1916 konnte der Bau fortgesetzt werden. Die noch ausständigen Kosten wurden durch eine Anleihe abgedeckt. Der Landesverband für Fremdenverkehr legte diese im Februar 1918 auf und appellierte an die Bevölkerung, diese zu unterzeichnen. Für 5 Kronen konnte man 4000 Bausteine erwerben.

Die Bautätigkeit während der Kriegsjahre brachte der Schloßbergstiege den Beinamen KRIEGSSTEIG ein. Am 1. Juni 1918 wurde sie von Bürgermeister Adolf Fizia eröffnet.

Die zweihundertsechzig Stufen führen durch den brüchigen Dolomitenfels serpentinenartig bis zum Uhrturm hoch. Früher war an dieser Stelle ein alter Stiegenaufgang gewesen, der vom Palais Herberstein zur Bürgerbastei geführt hatte – auf dem alten Schloßbergmodell von Anton Sigl ist dieser noch gut erkennbar.

Mit der neuen Stiege wollte man eine touristische Attraktion schaffen, die bis heute Anziehungspunkt geblieben ist. Bereits kurz nach der Eröffnung wurde eine Erweiterung des Steiges angedacht. Wegen der *interessanten Felspartien* sollte der Weg bis zum Starckehäuschen ausgebaut werden. Die schlechte wirtschaftliche Lage in den Nachkriegsjahren verhinderte aber zunächst einen weiteren Ausbau. Im Jahre 1924 wurde das Vorhaben wieder aufgegriffen und der Grazer Gemeinderat beschloss nun, die Pläne des Oberbaurats Ludwig Muhry umzusetzen. Wieder wurde das Militär herangezogen. Soldaten des steirischen Pionierbataillons Nr. 5 wurden für die Arbeiten abgestellt. In vier Jahre langer Bautätigkeit wurden von den Pionieren insgesamt 100 Kubikmeter Fels abgetragen. Pünktlich zur 800-Jahr-Feier der Stadt Graz war der „Felsensteig" schließlich fertig und wurde am 23. Juni 1928 von Bürgermeister Vinzenz Muchitsch eröffnet. Der deswegen auch JUBILÄUMSSTEIG genannte Aufgang wurde vom Stadtgartenamt später zu einem Alpengarten umgestaltet.

Im Jahr 1930 wurde schließlich ein weiteres Projekt in Angriff genommen: Die Bürgerbastei, bisher im Besitz des Hauses Saurau, wurde von der Stadt Graz gekauft. Die alte Wehranlage wurde mittels eines Stiegenabganges mit dem darunterliegenden Herbersteingarten verbunden; durch einen mittelalterlichen Tordurchgang zwischen Uhrturm und Schloßbergplatz gelangte man vom Garten auf den Kriegssteig.

Nach den Plänen von Stadt-Oberbaurat Karl Holzmaier wurde eine prachtvolle Garten-Terrassen-Anlage geschaffen, die am 22. Mai 1931 wieder von Bürgermeister Muchitsch eröffnet wurde. Zusammen bilden die Bürgerbastei, der Herbersteingarten und die Schloßbergstiege mit ihren Gartenanlagen, Brücken, verschlungenen Wegen und Felsschluchten einen ganz besonderen Schatz auf dem Schloßberg. Jährlich zieht es heute noch tausende Touristen im Jahr auf diese abenteuerlichen Wege, die in dieser Form auch selten an einem anderen Ort anzutreffen sind. Vor allem die Kombination aus Naturerlebnis und Stadtpanorama machen das Besondere der Anlage aus.

Der Schriftsteller Rudolf Hans Bartsch (1873–1952) hat in

einem seiner Aufsätze den Begriff von den *hängenden Gärten von Graz* geprägt. Die Visionen von Welden wurden schließlich doch eines Tages verwirklicht.

KULTURELLER GLANZ

Irgendwie sind die kühnen Ausbaupläne doch umgesetzt worden. Zwar wurden keine gigantischen Konzerthäuser errichtet und auch keine Landepisten für Flugzeuge angelegt, doch so manche Idee ging den Grazern dann doch nicht aus dem Kopf. Ende des 19. und Anfang des 20. Jahrhunderts kam es – vor dem Hintergrund deutschnationaler Mythenbildung – zu einem immer stärkeren Interesse an der Geschichte des Schloßberges. 1902 erschien von Heinrich Wastian *Der Grazer Schloßberg*, eine erste Publikation, die einen Gesamtüberblick über die Geschichte gab. Diesem folgte bereits 1905 eine weitere Veröffentlichung von Franz Zistler; 1909 publizierte Richard Sallinger zum 100-jährigen Jubiläum der Schloßbergbelagerung sein Werk *Graz im Jahre 1809*, das zu einem ausführlichen Standardwerk über die damaligen Kampfhandlungen wurde. Weiters fand der Berg im Herzen von Graz in zahlreichen anderen Schriften und Magazinen Erwähnung. Es war die Zeit, in der man begann, die Vergangenheit für die Gegenwart zu stilisieren.

Vor allem der Heldenmythos des Major Hackher wurde wiederbelebt und im Jahre 1909 ihm zu Ehren eine große Löwenstatue auf dem Plateau errichtet. Die Bronzeplastik wurde von Otto Jarl geschaffen und soll an die Heldentaten von damals erinnern. 1941 sollte diese aber im Zuge des Zweiten Weltkrieges eingeschmolzen werden. Erst 1965 wurde eine Replik von Wilhelm Gösser angefertigt, die heute noch existiert.

Dieses neu entdeckte Interesse an der Historie führte dazu, dass man sehr bald über die Errichtung eines Museums auf dem Schloßberg nachdachte, um die Vergangenheit wieder aufleben zu lassen. Die ersten musealen Spuren finden wir auf der Stallbastei bzw. auf der ehemaligen Panoramahütte oberhalb des Uhrturms, die heute nicht mehr existiert. 1914 stellte schließlich der geschichtsversierte Gemeinderat Wiedner einen Dring-

Die moderne Freiluftbühne in den Kasematten.

lichkeitsantrag im Grazer Gemeinderat, um auf dem Schloßberg einen repräsentativen Museumsbau zu verwirklichen.
Nach Kriegsende wurde im Glockenturm das erste Quartier
eingerichtet. Mehrere Schaustücke wurden über die vier Etagen
des Turms ausgestellt. Als 1921 der bereits oben erwähnte Hofschauspieler Gustav Starcke starb, übersiedelte die Sammlung in
das kleine Winzerhäuschen unterhalb der Stallbastei. Es ergab
sich allerdings sehr bald eine beträchtliche Anzahl an Ausstel-
lungstücken, sodass man sich erneut um einen Standortwech-
sel Gedanken machen musste. So wurden erneut der Glockenturm und auch der Uhrturm als Räumlichkeit dafür herangezogen. Die Aufteilung des Museums auf mehrere Gebäude
erfreute aber nicht seine Besucher, vor allem, weil alle drei
Standorte eigentlich ungeeignet waren. Daher übersiedelte die
gesamte Sammlung am 16. April 1931 in die Obhut des Stadtmuseums, das ab 1939 im Palais Attems einquartiert war.
Wegen des Krieges wurden aber im April 1944 eiligst die wichtigsten Exponate nach Schloss Freibühel gebracht, um sie vor
einem Bombenangriff auf Graz in Sicherheit zu bringen.
Damit war es vorerst auch vorbei mit einem Museum auf dem
Schloßberg. In den ersten Nachkriegsjahren war man mit wichtigeren Dingen beschäftigt, als sich um die Vergangenheit zu
kümmern, die im Augenblick eher nicht so erinnerungswürdig
erschien. Erst als 1951 das Stadtmuseum an das Land Steiermark übergeben wurde und in das Schloss Eggenberg übersie-

delte, dachte man wieder darüber nach, die Räumlichkeiten der KANONENHÜTTE auf der Stallbastei in ein Schloßbergmuseum umzugestalten. Dies wurde allerdings erst Ende des Jahres 1955 möglich und es kam zur erneuten Ausstellung von Exponaten auf dem Schloßberg.

Einige wichtige Objekte, wie z. B. das Schloßbergmodell von Sigl, wurden jedoch nicht ausgestellt und generell erfreute sich das Museum zunächst keiner großen Beliebtheit. Die Menschen hatten zu dieser Zeit gänzlich andere Dinge im Kopf, als Kulturgüter zu bestaunen.

1959 musste die Ausstellung einer Polizeiwache weichen und kehrte in den Glockenturm zurück. Dort wurde am 23. Juli 1960 endgültig das neue Schloßbergmuseum von Landesrat Univ.-Prof. Dr. Hannes Koren und Bürgermeister Dr. Speck eröffnet. In zwei Etagen des Turms konnte die erweiterte, von DDr. Eduard Andorfer neu zusammengestellte Sammlung bewundert werden.

Mit 1. Jänner 1965 ging die Betreuung des Museums an Frau Dr. Maria Schaffler über. Unter ihr wurde die Sammlung erneut erweitert. 1966 war eine erneute Umstellung des Museums vorgenommen worden, diesmal unter dem Leiter des Grazer Stadtmuseums Dr. Wilhelm Steinböck. Dieser förderte auch die Errichtung des Garnisonsmuseums 1981 in der restaurierten Kanonenhütte auf der Stallbastei.

Im Erdgeschoß des Glockenturms wurde endlich auch wieder das Modell von Anton Sigl aufgestellt. Parallel dazu wurde ein kleineres Modell angefertigt, das den heutigen Schloßberg zeigt. Beide Objekte befinden sich heute im Stadtmuseum.

Als wichtige Exponate, die damals ausgestellt wurden, sind vor allem die Entwürfe des Architekten Matthias Seidl zur Verschönerung des Schloßberges zu nennen sowie zahlreiche historische Ansichten und Gemälde. Besonders kurios ist aber die Ausstellung eines Elefantenschädels. Ältere Geschichtsschreiber behaupten, dass zum Neubau der Festung im Jahre 1532 auch Elenfanten eingesetzt wurden. Diese sollen von angeworbenen türkischen Arbeitskräften benutzt worden sein.

Allerdings findet sich kein Indiz für die Richtigkeit dieser Behauptung. Interessant ist auch die Ausstellung in der „Bassgeige", dem Kellergeschoß des Glockenturms, wo man Kriegs-

ULLRICH Werner sen.
Fröhlichgasse 34
8402 Werndorf

Der „Hackher-Löwe", errichtet 1909 nach einem Entwurf von Otto Jarl.

materialien aus der Belagerungszeit präsentiert. Unter anderem zwei große, mit Ketten verbundene Steinkugeln, die damals von den Verteidigern zur Abwehr der Franzosen eingesetzt wurden. Aber nicht nur ein Museum hatte endgültig auf dem Schloß-berg seinen Platz gefunden, auch die Idee eines großen Konzerthauses war nicht gänzlich gestorben. So wurden 1927 in den Kellerruinen des ehemaligen Schloßhauptmannhauses Theaterstücke aufgeführt. 1936 griff der Bürgermeister Hans Schmid die Idee wieder auf und ließ einen Entwurf des Architekten TASSILO VON HÜLLER vom Gemeinderat bestätigen. Am 19. Juni 1937 wurde mit Beethovens *Fidelio* die neu errichtete Bühne eingeweiht. Nach dem Krieg wurden die Kasematten restauriert und 1950 mit der Oper *Ein Friedenstag* von Richard Strauss wiedereröffnet.

Die Einzigartigkeit dieser Freiluftbühne ist selbst den Grazern nicht ganz bewusst. Mit Sicherheit ist sie aber eine der besten Veranstaltungsorte in ganz Österreich. Bis 2009 war man sehr wetterabhängig, obwohl man bereits eine Überdachung angebracht hatte. In diesem Jahr wurde schließlich der nicht ganz umstrittene Umbau der Freilichtbühne realisiert. Dabei wurde die Bühne um 180 Grad gedreht. Viele Grazer sahen darin einen schweren Eingriff in das historische Ambiente der Anlage und über Geschmack lässt sich bekanntlich streiten.

DIE NAZI-FESTUNG

Mit Kriegsausbruch 1939 brachen auch für die Stadt Graz wieder schwere Zeiten an.

Die steirische Landeshauptstadt war bereits vor dem „Anschluss" am 12. März 1938 eine Hochburg des Nationalsozialismus gewesen, wenn auch starke Widerstandstendenzen vorhanden waren. Dennoch: In der Steiermark stimmten immerhin 99,87 % der Bevölkerung für die „Heimkehr ins Reich".

Sehr rasch kam es in der Folge zu einer Umgestaltung der Landesverwaltung und alle Industriebetriebe wurden auf die Rüstungsproduktion eingestellt. Es dauerte nicht lange, da erkannten die Wehrmachtsoffiziere auch den strategischen Wert des Grazer Schloßberges. Die Idee, diesen wieder in eine Festung umzuwandeln und aus Graz ein uneinnehmbares Bollwerk zu machen, war für die ohnehin sehr mythengläubige NS-Führung sehr verlockend. So sah man den Schloßberg als historischen Festungsberg an und wollte an diese Tradition deutscher Geschichte wieder anschließen. Vor allem der Heldenmythos eines Major Hackher wurde wieder in sehr verklärender Weise gepflegt. Natürlich war der Sieg von 1809 auf die arische Überlegenheit der Schloßberggarnison zurückzuführen. Was sonst? Doch auch praktische Überlegungen standen im Vordergrund. Einerseits bot sich der Berg als Flugabwehrstellung sehr prominent an und andererseits betrachtete man die bereits existierenden unterirdischen Stollen und Kammern als mögliche Luftschutzbunker. In der Folge wurde der Schloßberg zu Verteidigungszwecken ausgebaut. Zahlreiche Flaktürme und Luftabwehrgeschütze wurden über das gesamte Plateau, im Herbersteingarten und auf der Kanonenbastei verteilt.

Im Jahr 1942 war der Gärtner Max Wallner verantwortlich für die Gebäude und ihm ist zu verdanken, dass so manches Kulturgut gerettet wurde: Im Spätherbst dieses Jahres, als sich an der Wolga bereits abzuzeichnen begann, dass der Krieg einen anderen Verlauf nehmen würde, als die Nazi-Propaganda den Leuten weismachen wollte, und langsam ein Engpass bei wichtigen Rohstoffen der Rüstungsindustrie entstand, kreuzten

Der Schloßberg in der NS-Zeit: Den Hakenkreuzfahnen folgten Flakstellungen.

Wehrmachtsoffiziere auf dem Berg auf, mit der Absicht, alles zu beschlagnahmen, was sich irgendwie für die Metallgewinnung eignete. Vor allem auf das historische Uhrwerk und die Glocken des Uhrturms hatten sie es abgesehen. Doch Wallner konnte den Offizieren glaubhaft versichern, dass viele Grazer auf die Uhr angewiesen seien, da sie keine eigenen besitzen würden, und wie sollte überhaupt das öffentliche Leben funktionieren, wenn niemand mehr wüsste, wie spät es sei?

Daraufhin ließen die Wehrmachtsinspekteure vom Uhrturm ab und wollten stattdessen die „Liesl" aus dem Glockenturm entfernen. Diese war zu jener Zeit gerade defekt, da der Klöppel herausgebrochen und eine Reparatur in Kriegszeiten nicht möglich war – für die Offiziere ein guter Vorwand, die große Glocke entfernen zu lassen. Doch auch hier sprang Wallner mit einem passenden Argument in die Bresche und meinte, dass es doch unendlich schade wäre, wenn der „Endsieg" nicht mit der größten Glocke der Steiermark verkündet werden könne. Das leuchtete den Inspekteuren abermals ein, ja, das wäre ja wirklich eine Schande.

Doch beim Denkmal des Major Hackher konnten sie sich dann nicht mehr zurückhalten. Obwohl sie keinesfalls das Andenken des tapferen Majors schmälern wollten, gab es für eine Statue dann doch keinen Grund, diese nicht einzuschmelzen. So kam es, dass die Originalstatue abmontiert und für die Metallgewinnung herangezogen wurde. Auch die alten Kanonen auf der Stallbastei erlitten dieses Schicksal, da sie ja nicht mehr feuertauglich waren, wie es hieß. Nach Kriegsende kümmerte sich Max Wallner um die Instandsetzung der „Liesl" und ließ ein neues Klöppelgehänge einsetzen. Das waren sozusagen die ersten Opfer, die der Schloßberg hinnehmen musste, viele weitere sollten noch folgen.

Als 1943 und 1944 die Luftangriffe der Alliierten immer heftiger wurden, wurde in Graz eiligst daran gearbeitet, den Schloßberg als Luftschutzstollen auszubauen. Die Bombenkatastrophe von Hamburg, bei der mehrere Tausend Menschen gestorben waren, sollte sich nicht wiederholen. Ab 1943 gab es beinahe täglich Luftangriffe auf die Steiermark und insgesamt fielen allein auf Graz 28.000 Bomben, das von allen österreichischen Städten am meisten unter den Bombardements der Alliierten

Ein Zeppelin passiert die steirische Landeshauptstadt.

zu leiden hatte. Vorrangige Ziele waren die zahlreichen Industriebetriebe im Süden der Stadt, aber auch das Zentrum wurde immer wieder stark getroffen.

Im Frühjahr 1943 hatte man bereits begonnen, Kavernen in den Fels zu sprengen. Mehrere hundert Kriegsgefangene mussten Tag und Nacht am Bau der Stollensysteme arbeiten. Ziel war es, so viele Grazer wie möglich bei einem Luftangriff im Berg in Sicherheit zu bringen. Die dabei ausgehobenen Materialien wurden teilweise einfach in die Mur geworfen bzw. im Stadtpark aufgetürmt. Die Aufräumarbeiten sollten nach dem Krieg noch Jahre dauern.

Am 25. Oktober 1943 beendete man den Bau des langen Stollens bis zur Jahngasse und im Herbst 1944 konnten bereits 30.000 Menschen im Schloßbergstollen einquartiert werden. Das unterirdische Bunkersystem verfügte über 20 Eingänge und über 17.000 m² Gesamtfläche, die bei Vollauslastung 48.000 Menschen beherbergen konnte. Über die wichtigsten Zugänge am Schloßbergplatz, in der Wickenburggasse, am Karmeliterplatz und in der Sporgasse gelangte die Bevölkerung schnell und von allen Seiten in die Bunker. Bei Fliegeralarm konnten die Menschen auf Bänken und Holzliegen den Bombensturm abwarten. Obwohl auch der Schloßberg mehrmals direkt bombardiert wurde, war man im Inneren des Berges dank des harten Dolomitgesteins relativ sicher. Die Schutzmaßnahmen trugen mit Sicherheit dazu bei, dass die Opferzahlen in Graz im Vergleich zu anderen deutschen Städten relativ niedrig blieben. Während des Kriegs wurde insgesamt ein Drittel der Gebäude beschädigt und 1200 komplett zerstört.

Mit dem Anmarsch der Roten Armee sollten die unterirdischen Anlagen auch zu anderen Zwecken eingesetzt werden.

Unter dem Decknahmen UNTERNEHMEN FELSENHÜTTE soll es weitere Ausbaupläne gegeben haben, die aus dem Grazer Schloßberg eine regelrechte Großkaserne gemacht hätten. Zwar sind Unterlagen, die dieses Vorhaben untermauern würden, heute verschollen bzw. rechtzeitig von den Nazis vernichtet worden, doch so mancher Zeitzeuge berichtet, dass angeblich geplant war, im Berg eine gigantische Festungsanlage mit Kommandoständen, Waffenfabriken und Kasernen anzulegen. Bis zu 10.000 Soldaten und ganze Panzerverbände hätten darin Platz finden sollen. Weiters war angedacht, auf dem Plateau riesige Flaktürme zu errichten, wie sie heute noch in Wien stehen. Der Schloßberg sollte damit das militärische Zentrum des steirischen Abwehrkampfes werden und die Russen aus der Steiermark zurückdrängen. Die Fabrikanlagen unterhalb des Berges sollten nicht nur Panzer und Fahrzeuge, sondern auch Jagdflugzeuge in großer Zahl produzieren und ständig für Nachschub sorgen. Durch den Berg vor jeglichen Angriffen aus der Luft geschützt, hätte eine solche Bastion bestimmt jedem Bombenhagel und Artilleriefeuer widerstanden.

Zum Glück konnten diese Pläne nicht mehr umgesetzt werden. Die Schaffung einer derartigen Anlage hätte ohnehin Jahre in Anspruch genommen und enorme Summen an Geldmitteln und Baumaterial verschlungen.

Beides war in den letzten Kriegsjahren kaum mehr vorhanden und so kann man diese Pläne, sofern es sie tatsächlich gegeben hat, als Spinnerei verrückter Generäle abtun. Die Rolle als Luftschutzbunker sollte der Schloßberg aber bis Kriegsende weiterhin bestens erfüllen und der Nachwelt zahlreiche Relikte dieser Zeit hinterlassen. In den ersten Nachkriegsjahren verfiel jedoch der Stollen – Wassereinbruch und schlampige Bauweise brachten so manchen Tunnel zum Einsturz. Kurz vor Ankunft der Roten Armee in Graz ging man daran, einige der Eingänge zu sprengen, um zu verhindern, dass das unterirdische Bunker-

Sollte den „Endsieg" verkünden: die „Liesl" im Glockenturm.

netzwerk, das ja auch Kommandozentren enthielt, dem Feind in die Hände fiel. Einige dieser Eingänge, die mit Buchstaben des Alphabets durchnummeriert waren, sind heute noch erhalten, davon sind die meisten aber nicht öffentlich zugänglich. Am Schloßbergplatz führt einer dieser Schächte in den DOM IM BERG, der ein beliebtes Veranstaltungszentrum unter Tage ist. In den 1950er-Jahren versuchte man die unterirdischen Anlagen wieder nutzbar zu machen. Besonderes Augenmerk legte man auf die Verbindung zwischen wirtschaftlicher Nutzbarkeit und Zivilschutz im Ernstfall. In den ersten Jahrzehnten nach dem Zweiten Weltkrieg bestand immerhin noch eine reale Gefahr eines Krieges durch den Konflikt des Westens mit dem kommunistischen Osten. NATO und Warschauer-Pakt-Staaten standen sich waffenstarrend gegenüber und das kleine Österreich als neutrales Land in der Mitte. In Zeiten wie diesen war es gerechtfertigt, dass man sich die Option offenhielt, die Stollenanlagen im Schloßberg im Kriegsfall wieder als Bunker für die Bevölkerung nutzen zu können. Die Angst eines Atomkrieges war zeitweise recht hoch und auch durchaus realistisch. Bis heute sind die Anlagen für einen eventuellen Ernstfall reserviert. Besondere Blüten trieben allerdings wieder die Pläne rund um eine zivile Nutzung des Berges.

1950 sah ein Projektentwurf von Hans Reininghaus vor, eine Hotelanlage im Schloßberg einzurichten, mit Schwimmbädern,

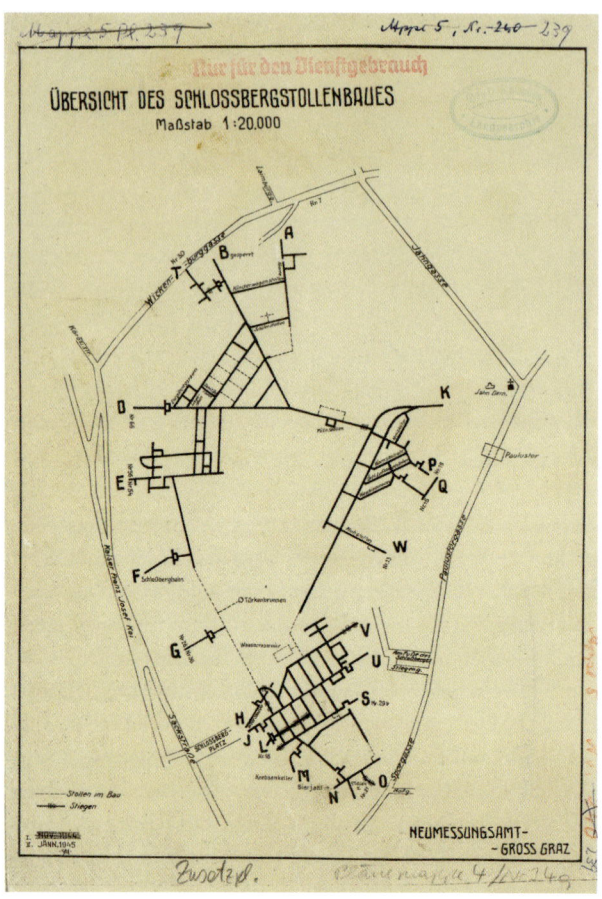

Zuflucht im Inneren des Berges: die Luftschutzstollen in der Übersicht.

Tennisplätzen und Sonnenliegen auf der Stallbastei. Außerdem wollte man eine Eisenbahn bauen, die durch den Berg auf den Gipfel führte. Aufgrund der einschneidenden Veränderungen und der enormen, offensichtlich völlig unrentablen Kosten wurde dieses Projekt aber bald wieder in die Schublade verbannt. 1963 stellte Dipl.-Ing Krisch sein Konzept einer städtischen Tiefgarage in den ehemaligen Luftschutzbunkern vor. Die Einfahrt hätte über den Schloßbergplatz erfolgen sollen und auf der Rückseite bei der heutigen Landesturnhalle wäre man wieder an die Tagesoberfläche gekommen. Doch es standen berech-

Der Eingang zu einem ehemaligen Luftschutzstollen.

tigte Fragen der Verkehrssicherheit im Raum, die schließlich das Projekt scheitern ließen.

1968 kam allerdings ein Vorschlag auf, der wesentlich genauer den Geschmack der Leute traf: eine MÄRCHENGROTTENBAHN. Der nordöstliche Teil der unterirdischen Stollen wurde daraufhin umgebaut, um eine kleine Kindereisenbahn durch die Tunnel führen zu können. Dieses Projekt erfreute sich bald großer Beliebtheit bei den jüngeren Bevölkerungsteilen und ist bis heute – nach mehreren Unterbrechungen – in Betrieb.

In den 1970er- und 1980er-Jahren versuchte man erneut, die

weiteren Teile des Berges für kommerzielle Zwecke zu erschließen; eine unterirdische Fußgängerpassage mit Hotels, Geschäften und Gastronomiebetrieben wurde geplant. Ein Teil dieser Vision wurde im modernen Veranstaltungszentrum, das sich heute dort befindet, umgesetzt. Der „Dom im Berg" dient als Eventhalle und Veranstaltungsort für Kulturevents. Weiters wurde ein moderner Lift durch den Berg geführt, der Besucher nun bequem vom Schloßbergplatz bis zum Plateau oberhalb des Uhrturms befördert, wo sich heute auch ein wunderschöner Gastronomiebetrieb mit herrlicher Aussicht befindet.

Irgendwie haben es die vielen Visionen rund um den Schloßberg doch geschafft, in der einen oder anderen Form Realität zu werden.

Links und oben: Die Stollenwelt des Schloßbergs heute.

GESCHICHTE HINTER DER GESCHICHTE

DER GRAZER UHRTURM

Wer vom Grazer Schloßberg spricht, hat sofort den Uhrturm als Bild vor Augen. Weithin sichtbar, ist er das bekannteste Wahrzeichen der Stadt. Doch wie wir zuvor schon anklingen ließen, hatte der markante Turm nicht immer diese zentrale Stellung, die er heute genießt. Als die alte Festung des Mittelalters noch stand, war er lediglich ein Turm von vielen, und nicht einmal der höchste. Selbst in der neuen Renaissance-Festung war er nicht das zentrale Bauwerk.

Im Mittelalter definierte man den Schloßberg über die landesfürstliche Burg auf dem Plateau, später durch die großen Kanonenbastionen. Dass der Uhrturm uns bis heute erhalten geblieben ist, verdanken wir neben ein bisschen Glück vor allem dem Umstand, dass er den Bewohnern der Stadt nützlich war. Von Anfang an hatte er die Funktion eines Wachturms, der vor Feinden und Gefahren warnen sollte, und später wurde diese Aufgabe durch das Anbringen einer Uhr ergänzt. Es sind also sehr praktische Argumente, die die Grazer Bevölkerung 1809 veranlassten, ein Lösegeld zu zahlen, um den Turm vor der Demontage durch die Franzosen zu bewahren.

Erst nach der Schleifung der alten Festung erhielt dieser seine prominente Stellung, die ihm bis heute geblieben ist. Da kein anderes signifikantes Gebäude mehr auf dem Berg erhalten geblieben war, wurde der Uhrturm zum sichtbaren Symbol für den Grazer Schloßberg. Unabhängig von der Gesamtgeschichte der Festung wollen wir kurz die Entwicklung des städtischen Wahrzeichens umreißen.

Am Südsporn des Berges stand vermutlich bereits im 10. Jahrhundert ein Kastell. Dessen Lage ist nicht ganz genau bekannt und so wird es entweder an der Position der heutigen Stiegenkirche oder bereits an der Stelle des heutigen Uhrturms vermutet. Ob der Turm nun Mittelpunkt eines Kastells war oder nicht, als ziemlich gesichert gilt, dass an der Südspitze ein hölzernes Bauwerk gestanden sein muss. Es liegt daher nahe, einen Wachturm zu vermuten, da die Lage sich perfekt für einen Aussichtspunkt eignet. Baugeschichtliche Untersuchungen aus dem Jahre 2008 belegten zunächst diese Annahme.

Ursprünglich ein Wachturm: das Wahrzeichen der Stadt.

Zur Zeit des Böhmenkönigs Ottokar II. ist bereits von einem Wehrturm der Grazer Bürgerschaft die Rede. Dieser dürfte ebenfalls noch aus Holz bestanden haben und die Annahme seiner Existenz ist mit dem Jahre 1265 ziemlich gesichert. Wie wir bereits wissen, wurde im Laufe der Jahre dieser Turm in die mittelalterliche Stadtmauer integriert. Die Stellen, an denen die Außenwand an das Mauerwerk angeschlossen war, lassen sich heute noch leicht feststellen.

Sicher ist auch, dass der Turm damals ein gänzlich anderes Aussehen hatte als heute. Von historischen Abbildungen wissen wir, dass er zu jener Zeit noch keine Erker aufwies. Im Zuge des Neubaus der Festung ab dem Jahre 1544 durch Domenico dell'Allio kam es zu ersten signifikanten Veränderungen der Bausubstanz. Unterhalb des Uhrturms wurde die Bürgerbastei mit ihren drei Kasematten errichtet. Im Zuge dieser Bauarbeiten muss der Turm einbezogen worden sein und bauliche Adaptionen waren vermutlich unumgänglich. Gesichert ist auch, dass dell'Allio den Abriss des alten mittelalterlichen Turms in Erwägung zog. Aus alten Aufzeichnungen geht hervor, dass dies zunächst sogar in die Tat umgesetzt werden sollte, da Kaiser Ferdinand I. Vorschläge für einen Neubau einholen ließ. Da aber Türme nicht in das Konzept des modernen Festungsbaus passten, ist es unwahrscheinlich, dass es zu dieser Neuerrichtung kam.

Aufgrund der bauwissenschaftlichen Befunde wissen wir hingegen heute mit Sicherheit, dass der alte Turm nicht abgerissen, sondern stattdessen in den neuen Festungskörper integriert wurde.

Andernfalls müsste sich bei der Untersuchung der Fundamente und des Mauerwerks ein zeitlicher Bruch ergeben haben, der aber nicht nachweisbar ist.

1569 wurde schließlich ein Uhrwerk eingebaut und die dafür notwendigen baulichen Adaptionen wurden vorgenommen. Dieses hatte zunächst nur drei Ziffernblätter. 1712 sollte es durch ein vierblättriges Zählwerk ausgetauscht werden. 1589 wurde ein Orgelwerk eingesetzt, von dem wir ebenfalls schon gehört haben. Dieses Signalinstrument ging jedoch 1805 während der zweiten Franzosenbesetzung verloren.

1645 wurde das bestehende Dachwerk adaptiert, um eine Feuerglocke tragen zu können. Damit war eine weitere Modernisierung – nach den Begriffen der damaligen Zeit – verbunden und dies verstärkte den praktischen Nutzen des Turms als Feuerwachposten.

1809 wurden sowohl der Uhrturm als auch der Glockenturm – der ähnlichen praktischen Nutzen hatte – von der Grazer Bürgerschaft für 2978 Gulden und 41 Kreuzer freigekauft. Allerdings kam es beim Abriss der Kasematten auf der Bürgerbastei zu erheblicher Beschädigung des Turms. Das Mauerwerk erhielt durch die Erschütterung infolge der Sprengungen massive Risse und galt sogar als einsturzgefährdet. Die noch verbliebenen Gebäudereste rund um den Uhrturm mussten daher weiter in Handarbeit abgetragen werden.

Auch ohne Sprengung scheint die Bausubstanz zu dieser Zeit schon sehr beeinträchtigt gewesen zu sein. Wie wir erfahren haben, wurde die Festung zum damaligen Zeitpunkt schon lange nicht mehr ordnungsgemäß gepflegt, sodass zahlreiche Gebäude in schlechtem Zustand waren. Außerdem wurde der Uhrturm während der Belagerung zumindest einmal schwer von einer Kanonenkugel getroffen. Diese soll direkt in eines der Ziffernblätter eingeschlagen haben.

1810 wurde daher das Uhrwerk abmontiert und zur Aufbewahrung in das Rathaus gebracht. Der weitere Bestand des Bauwerks schien aufgrund der Schäden nicht gesichert und vorerst fehlten die Mittel, um eine Restauration durchzuführen.

1813 wurde erstmals eine Renovierung des Uhrturms angedacht und vom Baumeister Christoph Sadler ein Angebot eingeholt, welches 2000 Gulden betrug. Die Stadtkasse war aber durch die enormen Kosten für Aufräumungsarbeiten nach den Kriegsjahren beinahe leer und konnte sich vorerst keine weiteren Ausgaben für den Schloßberg leisten.

1818, als die Napoleonischen Kriege endgültig vorbei waren und es zu einer deutlichen Entspannung der wirtschaftlichen und politischen Lage in Europa gekommen war, wurde der Turm um 1500 Gulden saniert. Dies dürfte ihm auch das Leben gerettet haben, denn zu dieser Zeit sollen schon deutlich sichtbare Risse das Mauerwerk durchpflügt haben. Durch die damit verbundenen Ausbaumaßnahmen erhielt der Turm sein heutiges Aussehen.

2008 bis 2009 fand neben einer eingehenden bauwissenschaft-

lichen Untersuchung auch die letzte Generalsanierung des Uhrturms statt. Die Bodenfeuchtigkeit hatte dem Mauerwerk
schwer zugesetzt und ließ den schönen, repräsentativen Außen-
putz abbröckeln; auf den Zifferblättern waren außerdem deutliche Wasserflecken sichtbar. Neben der Mauerwerksanierung
wurde auch der hölzerne Wehrgang revitalisiert. Die erste Phase
dieser Arbeiten verschlang bis Mitte 2009 bereits eine halbe
Million Euro. Durch eine 900 m² große Werbefläche, die man

Vom hölzernen Wehrgang aus konnten die Feuerwächter die gesamte Stadt überblicken.

rund um den Uhrturm spannte, konnte man 115.000 Euro für die Sanierung einnehmen.

Zwei weitere Sanierungsphasen sind allerdings noch geplant, wegen Finanznot aber zurückgestellt. Im Zuge der baugeneti-schen Untersuchung konnte aber die geschichtliche Entwick-lung des Uhrturms sehr genau rekonstruiert werden.

DATEN UND FAKTEN RUND UM DIE BAUGESCHICHTE

Der Uhrturm verfügt über vier Geschoße und einen Dachboden, an dem die Glockenerker angebaut sind. Der Grundriss beträgt genau 8 × 8 Meter und die Gesamthöhe wird mit 29 Metern bemessen, wobei die Außenmauern teilweise bis zu 4,72 m in den Untergrund ragen. Die alten Fundamentsmauern aus dem 13. Jahrhundert weisen eine Dicke zwischen 2,5 und 2,7 Metern auf und sind mit ihrem frei liegenden Mauerwerk charakteristisch für diese Zeit. Der Fugenmörtel wurde mit der alten Pietra-rasa-Technik angebracht, sodass ein Teil der Steinoberfläche vom Mörtel verdeckt wird. Das Mauerwerk aus dem Mittelalter setzt sich vom Untergeschoß bis in das Obergeschoß ununterbrochen fort. Hier gibt es Hinweise auf einen mittelalterlichen Hocheinstieg, also einen höher gelegenen Zugang, der aber später abgemauert wurde.

Im Mauerwerk gibt es zahlreiche Spuren, vor allem in der Nordwand, die von ehemaligen angebauten Gebäuden stammen könnten. Im ersten Obergeschoß befindet sich in jeder der vier Wände eine Fensteröffnung, durch die das Uhrwerksgestänge geführt wird.

An der Westmauer finden wir eine signifikante Ziegelvermauerung, die ebenfalls auf einen älteren Zugang schließen lässt, der im Zusammenhang mit der Stadtmauer aus dem Mittelalter stehen könnte. Im Mauerwerk finden wir hier einen Netzwerkverband vor, der typisch ist für die 2. Hälfte des 14. Jahrhunderts. Hier treffen wir auf die Spuren der ersten Adaptionen aus dem Mittelalter.

In der Uhrwerkkammer befindet sich heute noch das Uhrwerk von 1712. Belegt ist das Datum mit einer Inschrift an diesem: *Mich hat Sylvester Fvnk Purger und Hof Uhrmaer in Graz ANNO 1712 gemacht und in dem Monath August verfertigt.*

Im 2. Obergeschoß befand sich die TÜRMERSTUBE, die durch eine verputzte Zwischenwand in zwei Räume getrennt war. Diese beherbergten die Wohnräume der Turmwachen mit einer kleinen „Rauchkuchl". An der Südwand gab es früher ein Rundbogenfenster. Zusammen mit der Erkernische im Westraum hatte der Turmwächter einen guten Überblick über die gesamte Stadt. An der westlichen Fassade befand sich ein gemauerter Erker, der ebenfalls als Aussichtspunkt diente. Die seitlichen Fenster, die später vermauert wurden, ermöglichten den Blick nach Nordwesten und Südosten.

Die wichtigsten Sichtlinien waren somit gegeben. Bei Brandalarm wurde die Richtung des Brandes mit Fahnen und Laternen angezeigt. Im 3. Obergeschoß finden wir die ersten hölzernen Verstrebungen für das Glockenspiel. Auch hier setzt sich die Steinmauer unverändert fort. Größere räumliche Veränderungen fanden hier in der ersten Hälfte des 19. Jahrhunderts statt. Eine frühere Ziegelwand wurde zur Abtrennung der Räume weiter nach innen versetzt. Irgendwo hier dürfte im Jahre 1809 auch die oben erwähnte Kanonenkugel eingeschlagen haben. Wo genau, ist leider nicht mehr festzustellen. Im 4. Obergeschoß finden wir zunächst umlaufende, raumhohe Wandnischen. Sie sind mit Fensteröffnungen ausgestattet, die mit Kippbalken verschlossen werden können und auch von außen deutlich zu sehen sind.

Vergleicht man damit den Bauplan von 1810, so dürfte diese Etage erst später eingezogen worden sein. Darüber befindet sich das Dachgeschoß, dessen hölzerne Verstrebkonstruktion das Uhrwerk und das Glockenspiel trägt.

Im Zuge der Untersuchungen wurden damals noch weitere Reste von bislang unerforscht gebliebenen Gebäudeteilen rund um den Uhrturm entdeckt. Das historisch genaue Gesamtbild kann daher bis heute nicht gänzlich rekonstruiert werden. So sind z. B. in unmittelbarer Nähe Überreste von ehemaligen Mauerzugängen zu erkennen. Südlich des Uhrturms sind Überreste des „Geheimen Ganges" erhalten geblieben, der bislang ebenfalls keiner genaueren Erforschung unterzogen wurde. Dieser Gang stellte im Mittelalter eine Verbindung mit dem Inneren Paulustor her, wurde aber später immer wieder überbaut, sodass seine genaue Herkunft unklar ist. Ebenso dürfte es unterhalb des Turms anstelle der Uhrturmkasematten einige bislang unbekannt gebliebene Vorgängergebäude gegeben haben – rund um den Uhrturm bleiben also für den Forscher noch genug spannende Fragen offen …

ALLES UNTER STROM

Am 28. März 1925 sollte sich in Graz ein Spektakel der ganz besonderen Art abspielen. Etwas, das die Menschen bis dahin nicht in dieser Form erlebt hatten.

Obwohl die Erste Republik unter der Weltwirtschaftskrise litt und eine gigantische Inflation die Bevölkerung in Armut und Not gestürzt hatte, wurde an diesem Tage von der STEWEAG in Anwesenheit von Bundespräsident Michael Hainisch, Bundeskanzler Rudolf Ramek und Landeshauptmann Anton Rintelen das Kraftwerk Teigitsch eröffnet. Das Besondere an dem Ereignis war nicht nur, dass es für die Grazer etwas ganz Erfreuliches war, denn mit dem Kraftwerksbau wurden hunderte Arbeitsplätze geschaffen, sondern dass auch die Elektrifizierung des Uhrturms erfolgte. Am Abend dieses Tages versammelten sich 40.000 Menschen auf den Straßen unterhalb des Schloßberges, um mitzuverfolgen, wie erstmals in der Geschichte das Rathaus, das Landhaus und eben der Uhrturm mit Scheinwerfern bestrahlt wurden.

Unter dem tosenden Jubel der Massen legte Bürgermeister Muchitsch den Schalter um und die Beleuchtung der drei Gebäude ging an. So prächtig hatten die Grazer ihren Uhrturm noch nie gesehen, da, so berichtete der Reporter der Zeitschrift *Wiener Bilder*, „ging es wie ein Leuchten der Freude, der Erhebung durch alle Herzen …"

Am folgenden Tag wurde die erste Grazer Radiostation in Betrieb genommen. Diese war zwischen Stallbastei und Glockenturm errichtet worden. Gesendet wurde von der Polizeidirektion in der Sauraugasse. Auf dem Schloßberg wurde damit ein technischer Meilenstein gesetzt. Leider oder Gott sei Dank blieb der Sendemast – er soll sehr hässlich ausgesehen haben und wurde wegen seiner unpassenden Optik vom „Heimatschutz" stark kritisiert – nicht lange erhalten. Die Sendestation wanderte bereits 1929 nach St. Peter, wo sie die nostalgischen Gemüter weniger erregte.

Doch das Licht ist bis heute geblieben. Jede Nacht erstrahlt der Uhrturm heute noch in einem spektakulären Lichtermeer.

Bürgermeister Vinzenz Muchitsch legt den Hebel um: Die Eröffnung des neuen Kraftwerks an der Teigitsch ermöglicht die großzügige nächtliche Beleuchtung des Uhrturms. Bericht in den „Wiener Bildern" vom 5. April 1925.

SCHLOSSBERG FÜR INSIDER

EINE GEGENWARTSBETRACHTUNG

Im Laufe der Jahrhunderte hat sich der geliebte „Pensionistengletscher" der Grazer immer wieder gewandelt und verwandelt. Die Spuren der Vergangenheit sind, obwohl deutlich verwischt, noch immer überall anzutreffen und man spürt ihre Allgegenwärtigkeit. Es weht ein Hauch von Geschichte über den Berg, wie man so schön sagt. Ob Uhrturm, Glockenturm, Hackher-Löwe oder Weldenstatue, überall trifft man auf Reminiszenzen an vergangene Tage. Auf den Schloßberg zu gehen, heißt: irgendwie in eine andere Welt einzutauchen, weg vom Trubel der Stadt, rein in eine Oase der Stille und der Erholung. Eine ruhige Insel in der brandenden Hektik urbaner Aktivität. Egal von welcher Seite man den Berg erklimmt, überall passiert man eine symbolische Schwelle in diese andere Welt. Ob vom Karmeliterplatz durch das alte Torhaus oder mit dem Lift durch die alten Schloßbergstollen, über den alten verwunschenen Schloßbergsteig oder über die verschlungenen Parkstraßen durch dichte Baumreihen von der Wickenburggasse aus.

Er ist und bleibt der steirische Mythenberg.

Dabei verbindet jeden Grazer wohl eine ganz persönliche Geschichte mit diesem Ort. Pensionisten und ältere Generationen fühlen sich hier und dort an die Erlebnisse der Vergangenheit erinnert, wenn sie mit ihren Enkeln eine Fahrt mit der Märchenbahn unternehmen und dabei zurückdenken, dass sie selbst als Kinder noch am gleichen Ort vor Bombenangriffen Schutz gesucht haben. Vielleicht ist auch noch eine oder einer darunter, die sich noch an die feierlichen Eröffnungen des Schloßbergrestaurants und der alten Zahnradbahn erinnern kann? Vermutlich eher nicht mehr.

In den letzten zehn Jahren hat der Berg erneut so stark sein Aussehen verändert, dass die jüngeren Generationen sich schon nicht mehr an seine frühere Gestalt erinnern können. Auch ich wandelte als Kind mehrmals über den Schloßberg, kannte noch den alten Biergarten bei der Bahnstation, fuhr sogar noch mit einem der alten Zahnradwagen und erlebte die spannende Aufführung von Ritterturnieren in den Kasematten.

Immer wieder hat mich die Geschichte des Berges in ihren Bann

Eine ruhige Insel in der brandenden Hektik: der Schloßberg heute.

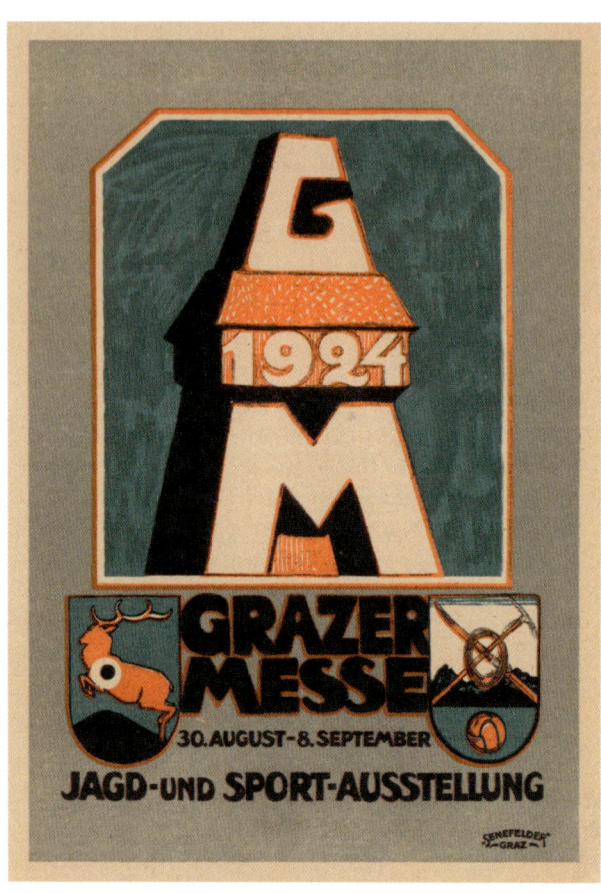

Der Uhrturm als allgegenwärtiges Symbol: Plakat der Grazer Messe 1924.

gezogen und beruflich geprägt. Ein bisschen kann ich mich rüh-
men, die jüngere Entwicklung hautnah miterlebt zu haben. Ich
erlebte das Kulturhauptstadtjahr 2003 und die Errichtung des
umstrittenen Uhrturmschattens als Kunstobjekt. 2008 fanden
erstmals wieder Filmdreharbeiten im Glockenturm statt und
kurz darauf wurde dieser wieder Touristen zugänglich gemacht.
Auch hat mich die Heldengeschichte des Major Hackher so
stark in ihren Bann gezogen, dass ich diese in einem Roman
verarbeitet habe. Und so manche Liebesgeschichte verbindet
mich mit diesem Berg, wie viele andere Grazer auch.
Wer in dieser Stadt lebt und auf den Schloßberg wandert, wird

Plakat von Hanns Wagula für die Sommerspiele Graz 1954.

ganz bestimmt auch immer auf die Spuren seiner eigenen Vergangenheit stoßen.

Auf den grünen Wiesen am oberen Plateau, zwischen den schattigen Bäumen und auf den zahlreichen Rastplätzen treffen sich heute noch verliebte Pärchen. Nachts taucht die Jugend im „Dom" in das unterirdische Partyleben ein und auch so mancher Graffitikünstler hat hier schon seine Spuren hinterlassen. Oder sei es nur, dass der gestresste Geschäftsmann in seiner Mittagspause auf einen schnellen Kaffee in das nette Lokal oberhalb des Uhrturms oder für ein elegantes Geschäftsessen ins Schloßbergrestaurant einkehrt: Ein wahrer „Erlebnisberg" ist er inzwischen geworden und so wird er auch empfunden. Auf dem Schloßberg trifft sich ganz Graz. Nicht nur, dass sich dieser Berg inmitten der Stadt befindet, er ist auch Lebensmittelpunkt seiner Bewohner. Man ist stolz auf den grünen Felsen, denn man weiß, dass man etwas Einzigartiges an ihm hat.

Und wer weiß, was die Zukunft noch alles bringen wird. Vielleicht kommt ja doch noch das große Konzerthaus oder womöglich irgendwann ein Raumflughafen? Fantasien und Ideen wird es auf jeden Fall zu allen kommenden Zeiten zur

„Berg der Erinnerungen. Die Geschichte und Geschichten der Grazer-Innen, ihre Erinnerungen als gemeinsames Gedächtnis der Stadt": Plakat zur Ausstellung im Schloßbergstollen 2003.

Winteridylle: das Winzerhaus mit dem gotischen Turm.

Genüge geben. Die Frage ist, was uns von der Vergangenheit erhalten bleibt? Einiges wird bleiben, vieles sich verändern und das eine oder andere wieder verschwinden. Das Rad der Geschichte wird sich weiterdrehen und so wie ein Zeitzeuge aus dem Mittelalter den Berg heute wohl kaum wiedererkennen würde, so werden wir in 50 Jahren vielleicht auch staunen, was sich alles getan hat.

Eines aber ist sicher, der Schloßberg wird für die Grazer immer bleiben, der einzig wahre unter den Schlossbergen.

ANHANG

ANMERKUNG

Die Schreibweise „Schloßberg" mit „ß" statt „ss" ist ein von der Stadt Graz übernommenes Markenzeichen und hat deshalb die Rechtschreibreform überdauert.

LITERATUR- UND QUELLENNACHWEIS

Robert Baravalle, Steirische Burgen und Schlösser. Graz 1936

Herwig Ebner, Burgen und Schlösser in der Steiermark (Graz, Leibnitz, West-Steiermark). Wien 1981

Heinrich Gröger, Der Grazer Schloßberg und seine Sehenswürdigkeiten. Graz 1968

Wilhelm Freiherr von Kalchberg, Der Grazer Schloßberg und seine Umgebung. Graz 1856

Karl Albrecht Kubinzky, Die Grazer Stadtplanung während der Herrschaft des Nationalsozialismus. In: Graz 1938. Historisches Jahrbuch der Stadt Graz 18/19 (1988), 335–351

Karl Albrecht Kubinzky, Der Schloßberg und seine Bahn. In: 100 Jahre Schloßbergbahn (Graz 1994), 8–32

Karl Albrecht Kubinzky, Die Stadtplanung für die Gauhauptstadt Graz. In: Stefan Karner (Hg.), Graz in der NS-Zeit 1938–1945 (= Veröffentlichungen des Ludwig Boltzmann-Instituts für Kriegsfolgen-Forschung, Sonderbd. 1, Graz–Wien–Klagenfurt 1998), 245–256, 397f.

Heribert Lampel, Album des Gratzer Schloßberges in 28 Blättern. Graz um 1842; Neuausgabe Graz 1977, herausgegeben von Anton Leopold Schuller

Peter Laukhardt, Der Grazer Schloßberg. Vom Kastell zum Alpengarten. Graz 1982

Hanns Löschnigg, Die Stadt Graz und ihr Schloßberg in Kunst und Dichtung. Graz-Wien-Leipzig 1922 (= Grazer Stimmen, Nr. 10)

Fritz Popelka, Geschichte der Stadt Graz, Bd. 1 und 2. Graz 1928 bzw. Graz 1936

Fritz Posch, Zur Geschichte der Gründung und ältesten Entwicklung von Graz, aus: Histor. Jahrbuch der Stadt Graz, Band 1, Graz 1968

Fritz Posch, Das Aribonengut im Westen von Graz und die zwei Königshuben zu Gösting, aus: Zeitschrift des historischen Vereins für Steiermark, Graz 1980

Günther Probszt-Ohstorff, Die militärische Bedeutung des Grazer Schloßberges, aus: Revue internationale d'histoire militaire, Paris 1955

Bernhard Reismann, Steiermark. Eine Geschichte des Landes. Wien-Graz-Klagenfurt 2012

Peter Rosegger, Die Krone des Schloßberges, Aprilheft „Heimgarten", Graz 1891

Richard Sallinger, Graz im Jahre 1809. Graz 1909

Maria Schaffler, Das Stadtmuseum, in: Festschrift 150 Jahre Joanneum, Graz 1969

Maria Schaffler, Die Hengistburg, in: Histor. Jahrbuch der Stadt Graz, Band 10, Graz 1978

Roland Schäffer, Hundegebell rettet die Königstochter, aus; Histor. Jahrbuch der Stadt Graz, Band 11/12, Graz 1981

Gustav Starcke, Ein Sommer-Idyll. Stimmungen auf dem Schloßberg in Graz. Graz 1906Wilhelm Steinböck, Graz als Garnison, Publikationsreihe des Grazer Stadtmuseums, Band III, Graz 1982

Konrad Steiner, Vom alten Graz. Graz 1951

Christoph Tepperberg, Die Kämpfe um den Grazer Schloßberg 1809, Militärhistorische Schriftenreihe, Heft 58, Heeresgeschichtliches Museum, Wien 1987

Heinrich Wastian, Der Grazer Schloßberg. Graz 1902

Josef Wastler, Geschichte der Befestigungsbauten des Schloßberges und der Stadt Grätz im 16. und 17. Jahrhundert. Graz o.J.

Dieter Wölfel, Der Fall Odontius in einem geschichtlichen Aufriss, aus: Festschrift 75 Jahre Friedenskirche Peggau. Graz 1981

Franz Zistler, Der Grazer Schloßberg. Graz 1905

BILDNACHWEIS

Harry Schiffer: Umschlagfoto

Steiermärkisches Landesarchiv, Graz: 11, 14, 24, 72, 74/75, 77, 81, 19, 110/111, 127, 141, 142, 151, 154, 156, 157, 158/159, 161, 163, 164/165, 172, 175, 179, 182

Neue Galerie Joanneum: 23

Steiermärkisches Landesmuseum Joanneum: 32

IMAGNO/ÖNB: 12/13, 46/47, 55, 57, 68/69, 104, 120/121

IMAGNO/Austrian Archives: 42, 52/53, 60

Österreichische Nationalbibliothek: 191

Österreichische Nationalbibliothek/Plakatsammlung: 135, 194, 195, 196

Sammlung Rauch/Interfoto/picturedesk.com: 95

akg-images/picturedesk.com: 131

Jacques Macdonald, Memoiren (Stuttgart 1903): 98

Sammlung Rothbart: 8, 17, 37, 44, 50, 51, 64/65, 71, 86, 90, 143, 152, 171, 179, 180, 181, 197, 198

Stadt Graz/Fischer: 2, 4, 169, 177, 186/187, 192

Universitäts- und Landesbibliothek Sachsen-Anhalt: 67

Heribert Lampel, Album des Gratzer Schloßberges und seiner neuen Anlagen (Graz 1842): 7, 45, 62, 146, 147

Die österreichisch-ungarische Monarchie in Wort und Bild, Bd. Steiermark (Wien 1890): 21, 30, 49

Heinz Heikenwälder (Hg.), Der Grazer Schloßberg und seine Umgebung von Wilhelm Freiherrn von Kalchberg (Graz 1997): 138

Wikimedia Commons: 29, 39, 40, 58

Der Stephansdom ist ein Monument des Glaubens und der
Geschichte, Symbol eines christlichen Österreich. Ein kunst-
voller, mächtiger Bau, in dem die Vergangenheit ihre viel-
fältigen Spuren hinterlassen hat – der Dom ist ein Lesebuch
aus Stein. Hier begegnet man dem heiligen Koloman und den
Türken, dem Teufel und dem Drachen, Rudolf dem Stifter
und Kaiser Friedrich III., der Heiligen Jungfrau und dem Prinzen Eugen, der Revolution von 1848 und der Katastrophe
des Zweiten Weltkriegs. Gabriele Hasmann fördert auf ihren
Erkundungen in dieser einzigartigen „Steinmetzwerkstatt
der Geschichte" (Gerhard Roth) Verdrängtes und Vergesse-
nes zutage, sie klopft Sagen und Legenden auf ihren wahren
Kern ab, sie schildert abgekommene Sitten und Bräuche und
zeichnet so ein packendes neues Bild des österreichischen
Wahrzeichens.

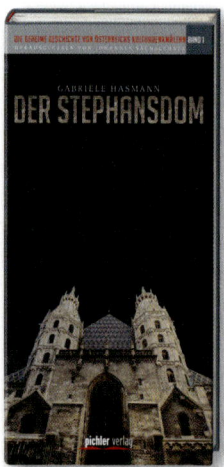

Johannes Sachslehner (Hg.)
**Die geheime Geschichte von Österreichs
Kulturdenkmälern Band 1:**

Gabriele Hasmann
DER STEPHANSDOM

208 Seiten, 10,5 x 20,5 cm
Hardcover mit SU
€ 19,95 · ISBN: 978-3-85431-555-1

pichler verlag

Schloss Schönbrunn ist zum Symbol des habsburgischen Österreich schlechthin geworden. Bis heute künden seine kaisergelben Mauern vom Glanz eines Großreichs und imperialer Lebenskultur. Das „Lustschloss" vor den Toren Wiens wurde zum Schauplatz dramatischer Entscheidungen und prachtvoller Feste, von Intrigen, Romanzen und Affären. Martin Mutschlechner setzt sich nicht nur auf die Spur der großen „Staatsaktionen", sondern schildert das Schloss und seine Menschen als lebendiges Ganzes, er zeigt die Probleme des Alltags im Palast auf und fördert so manch denkwürdig-kurioses Detail zutage. Weit über verklärende Sisi- und Franz-Joseph-Romantik hinausgehend, stellt er die eminente Bedeutung von Schönbrunn als Zentral- und „Kraftort" des „Hauses Österreich" dar.

Johannes Sachslehner (Hg.)
Die geheime Geschichte von Österreichs Kulturdenkmälern Band 2:

Martin Mutschlechner
SCHLOSS SCHÖNBRUNN

240 Seiten, 10,5 x 20,5 cm
Hardcover mit SU
€ 19,99 · ISBN: 978-3-85431-574-2

pichler verlag

IMPRESSUM

ISBN: 978-3-85431-633-6

© 2012 by *Pichler Verlag* in der
Verlagsgruppe Styria GmbH & Co KG
Wien · Graz · Klagenfurt

Bücher aus der Verlagsgruppe Styria gibt es
in jeder Buchhandlung und im Online-Shop

styriabooks.at

Buchgestaltung: Bruno Wegscheider
Layout: Franz Hanns

Reproduktion: Pixelstorm, Wien
Druck und Bindung:
Druckerei Theiss GmbH,
St. Stefan im Lavanttal